Sabine Dinsel · Monika Reimann

Fit fürs Zertifikat Deutsch

Tipps und Übungen

Hueber Verlag

Quellenverzeichnis

Seite 9: Text und Foto: dpa
Seite 11: Foto: Gerd Pfeiffer, München
Seite 15: Foto: DIZ, Bilderdienst, München (AP)
Seite 22: Text nach: Dieter Krause in Stern 47/1998 IV/4, Seite 132; Foto: Gerd Pfeiffer, München
Seite 24: Text nach: Ulrike Gasteiger in Freundin Nov/Dez 1998, Seite 129; Foto: Gerd Pfeiffer, München
Seite 70: Foto: MEV/MHV
Seite 77: Foto: Gerd Pfeiffer, München
Seite 78: Text aus: Der Standard v. 5.7.99 (Feiertany)
Seite 88: Text aus: DIE ZEIT, 1999.06.17. (T. A. Brisólla); Foto: Klaus Kallabis, Hamburg
Seite 99: Hörtext aus: DeutschlandRadio Berlin vom 17.05.99 mit Günter Woog, Dreieich
Globus Infografik, Hamburg: Seite 19, 70, 89

9. 8. 7. | Die letzten Ziffern
2016 15 14 13 12 | bezeichnen Zahl und Jahr des Druckes.
Alle Drucke dieser Auflage können, da unverändert,
nebeneinander benutzt werden.
1. Auflage

Layout und Satz: VerlagsService Dr. Helmut Neuberger
& Karl Schaumann GmbH, Heimstetten
Verlagsredaktion: Maria Koettgen, Hueber Verlag, Ismaning
Druck und Bindung: Auer Buch + Medien GmbH, Donauwörth
Printed in Germany
ISBN 978-3-19-051651-3

Inhalt

(Ü = Hier finden Sie Übungen)

Vorwort

Mit diesem Buch möchten wir Ihnen bei der Vorbereitung auf das *Zertifikat Deutsch* helfen.

Es werden alle Fertigkeiten geübt (Lesen, Hören, Sprechen, Schreiben), die Sie nach Abschluss der Grundstufe beherrschen sollten. Deshalb ist das Buch sowohl für Wiederholungskurse der Grundstufe als auch für Selbstlerner geeignet.

Sie finden in diesem Buch:

- Detaillierte Informationen zur Prüfung *Zertifikat Deutsch* (Anforderungen, Ablauf, Bewertung);
- Wertvolle Lerntipps zur Vorbereitung und für die Prüfung;
- Übungen zu den Prüfungsteilen Lesen, Hören, Schreiben, Grammatik/Wortschatz, Sprechen;
- Lösungsstrategien zu den Prüfungsaufgaben;
- Kommentierte Lösungen zu den Übungen und Prüfungsaufgaben, die Ihnen helfen, aus Ihren Fehlern zu lernen;
- Zum Schluss einen kompletten Prüfungssatz mit Lösungen.

Zusätzlich gibt es eine Cassette/CD mit den Hörtexten und mit einem Beispiel des Prüfungsteils Mündliche Prüfung.

Wir wünschen Ihnen viel Spaß beim Lernen mit unserem Buch und viel Erfolg bei der Prüfung!

Sabine Dinsel
Monika Reimann

Leseverstehen und Sprachbausteine

Zur Prüfung

In diesem Prüfungsteil sollen Sie in 90 Minuten fünf Teile bearbeiten:

- Leseverstehen Teil 1, 2 und 3
- Sprachbausteine Teil 1 und 2

Insgesamt können Sie dafür maximal 105 Punkte bekommen (= 75 Punkte für Leseverstehen und 30 Punkte für die Sprachbausteine), das entspricht 35 % der Gesamtpunktzahl.
Denken Sie daran: In den 90 Minuten müssen Sie auch die Lösungen im Antwortbogen markieren. Reservieren Sie sich dafür 5 bis 10 Minuten vor dem Ende des gesamten Prüfungsteils.

Leseverstehen

	Was wird geprüft?	Textsorte	Aufgabentyp	Zeit
Teil 1	Globales Lesen: Was ist das Thema?	Kurztexte	Zu 5 Kurztexten suchen Sie aus 10 Überschriften die jeweils passende aus.	ca. 20 Min.
Teil 2	Detailliertes Lesen: Genau lesen, jeder Satz kann wichtig sein.	Zeitungsartikel	5 Multiple-Choice-Aufgaben: Pro Aufgabe gibt es 3 Sätze zur Wahl. Nur ein Satz wiederholt genau den Inhalt einer Textstelle.	ca. 35 Min.
Teil 3	Selektives Lesen: Nach bestimmten Informationen suchen.	Kleinanzeigen	Aus 12 Kleinanzeigen suchen Sie zu 10 verschiedenen Alltagssituationen die passende Anzeige heraus, z. B. suchen Sie für ein Hochzeitsfest ein passendes Restaurant.	ca. 15 Min.

Sprachbausteine

	Was wird geprüft?	Textsorte	Aufgabentyp	Zeit
Teil 1	Grammatik (Endungen, Satzverbindungen, Präpositionen, ...)	persönlicher Brief	Brief mit 10 Lücken, zu jeder Lücke eine Multiple-Choice-Aufgabe: Eine von 3 Antworten stimmt.	ca. 10 Min.
Teil 2	Wortschatz	formeller Brief	Brief mit 10 Lücken und 16 Wörtern zur Wahl: Pro Lücke passt nur ein Wort.	ca. 10 Min.

Leseverstehen

Test: Wie lese ich einen unbekannten Text?

Lesen Sie den Zeitungsartikel. Stellen Sie sich vor, Sie wollen später einem Freund davon erzählen. Also konzentrieren Sie sich nur auf das, was Ihnen interessant erscheint. Vielleicht helfen Ihnen dabei die Fragen: Wer? Wo? Wann? Was? Sie haben 2 Minuten Zeit zum Lesen.

In Japan gibt es jetzt Waschmaschinen für Menschen

Vollwaschgang in 18 Minuten

Tokio – Japaner können nicht mehr nur Kleider in einer Waschmaschine säubern, sondern neuerdings auch sich selbst. Die japanische Firma Avant hat dieses Jahr nach eigenen Angaben die weltweit erste Waschmaschine für Menschen auf den Markt gebracht, wie ein Sprecher am Mittwoch mitteilte. Das kapselförmige Gerät säubert den Körper zunächst mit Hilfe von Wasserstrahlen, denen Seife beigemischt ist. Anschließend wird der Gewaschene von einer aromatisierten Wärme umgeben und trocken geföhnt. Der Vollwaschgang dauert 18 Minuten. Einziger Nachteil: Gesicht und Haare können damit nicht gesäubert werden.

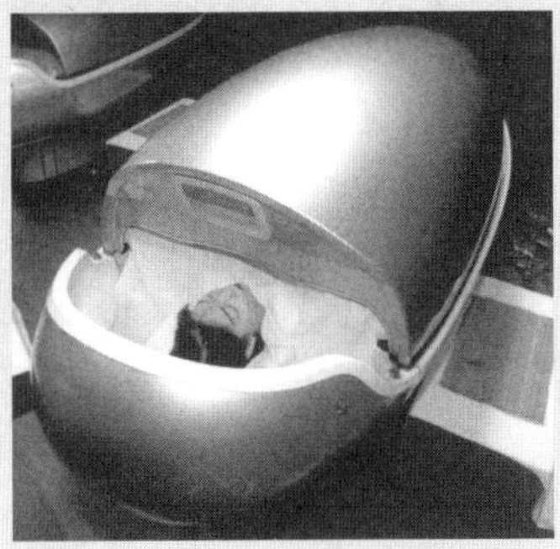

BEFRAGUNG

Wie haben Sie den Text gelesen? Machen Sie bei den Sätzen ein Kreuz ☒, die für Sie passen.

Sie haben längere Zeit gebraucht, um den Text zu lesen. [a]
Sie haben den Text innerhalb einer Minute gelesen. [b]

Sie haben den Text nicht verstanden. Es gab zu viele unbekannte Wörter. [a]
Sie haben den Text verstanden, obwohl Sie nicht die Bedeutung jedes Wortes kannten. [b]

Sie haben sich gleich auf den Text konzentriert und die Überschrift kaum beachtet. [a]
Sie haben die Überschrift zuerst gelesen und kurz überlegt, was im Text stehen könnte. [b]

Sie haben unbekannte Wörter sofort im Wörterbuch nachgeschlagen. [a]
Die meisten unbekannten Wörter haben Sie ohne Wörterbuch verstanden. [b]

Sie mussten den Text mehrmals lesen, um das Thema des Textes zu verstehen. [a]
Überschrift, Bild oder bestimmte Wörter im Text haben Ihnen geholfen, bereits vor dem Lesen eine Idee vom Inhalt zu bekommen. [b]

AUSWERTUNG DES TESTS

Wo haben Sie mehr Kreuze, bei a oder b?

Bei a: Es fällt Ihnen schwer, deutsche Texte zu lesen. Sie brauchen dafür zu lange und haben einige Probleme mit unbekanntem Wortschatz. Das sollten Sie ändern! – Deshalb lesen Sie die folgenden sieben Seiten genau, beachten Sie vor allem die Tipps und bearbeiten Sie die Aufgaben und Übungen. Danach fällt es Ihnen leichter, unbekannte Texte zu lesen.

Bei b: Es fällt Ihnen leicht, deutsche Texte zu lesen. Glückwunsch! – Das zeigt, dass Sie vielleicht schon verschiedene Lesestrategien kennen und auch Techniken, wie man ohne Wörterbuch unbekannte Wörter im Text verstehen kann. Die nächsten sieben Seiten mit Tipps zum Lesen unbekannter Texte können Sie deshalb schnell bearbeiten.

Tipps und Übungen zum Teil *Leseverstehen*

SICH VERSCHIEDENE LESESTRATEGIEN BEWUSST MACHEN

Tipp 1

In den Prüfungsteilen finden Sie längere und kürzere Texte. Je nach Aufgabe müssen Sie die Texte mehr oder weniger intensiv lesen, weil dafür in der Prüfung nur begrenzt Zeit zur Verfügung steht. Das ist kein Problem für Sie, wenn Sie die folgenden drei Lesestrategien kennen:

Globales Lesen Was ist das Thema?

Das Thema eines Zeitungsartikels erkennen Sie manchmal bereits, bevor Sie den Text lesen. Dabei helfen Ihnen die Überschrift und Bilder, aber auch einzelne Wörter, die man im Text sofort entdeckt – zum Beispiel Zahlen oder fett gedruckte Wörter. Dieses erste schnelle Lesen („Überfliegen") eines Textes dauert nur ein paar Sekunden. Beim Überfliegen bekommen Sie eine Idee davon, was das Thema des Textes sein könnte.

Detailliertes Lesen Jeder Satz kann wichtig sein.

In einer Zeitung finden Sie einen Artikel, in dem Studenten Ihres Landes von ihrer sechsmonatigen Deutschlandreise berichten. Da Sie nächstes Jahr auch nach Deutschland fahren wollen, sind Sie dankbar für jeden Tipp. Also lesen Sie den ganzen Artikel von Anfang bis Ende durch; Sie lesen ihn genau, weil jede Information für Sie wichtig sein kann, z. B. Informationen über das Klima, über Land und Leute.

Selektives Lesen Nach bestimmten Informationen suchen.

Zum Frühstück lesen Sie immer nur den Sportteil der Zeitung. Da Sie nur zehn Minuten Zeit dafür haben, lesen Sie nicht alles und auch keine langen Artikel. Sie wollen z. B. einfach nur wissen, wie das Europacup-Fußballspiel ausgegangen ist oder ob ein bestimmter Tennisspieler in Wimbledon erfolgreich war. Also suchen Sie nur nach bestimmten Informationen.

Tipp 2

VORWISSEN AKTIVIEREN

Wie lesen Sie eigentlich Zeitungsartikel in Ihrer eigenen Sprache? Bevor Sie sich entscheiden, den ganzen Text zu lesen, sehen Sie sich sicherlich zuerst einmal die Überschrift und die Bilder an. Damit gewinnen Sie vor dem Lesen des gesamten Artikels bereits eine Idee vom Thema des Textes.

Ü 1 Lesen Sie die Überschrift und schauen Sie das Bild an. Welches Thema könnte in dem Artikel angesprochen werden? Was vermuten Sie? Schreiben Sie dazu ein bis zwei Sätze.

Geld oder Liebe

____

____

____

____

Tipp 3

UNBEKANNTE WÖRTER – ZUERST IGNORIEREN

Wenn Sie einen unbekannten Text lesen, verstehen Sie oft mehr, als Sie im ersten Moment glauben. Konzentrieren Sie sich beim ersten Lesen des Textes nur auf die Wörter, die Sie kennen. Oft bekommen Sie schon eine Idee vom Inhalt des Textes, ohne alle Wörter verstanden zu haben. In der folgenden Übung können Sie das ausprobieren.

Ü 2 Lesen Sie den folgenden Zeitungsartikel zur Überschrift in Ü 1. Der Text ist hier mit Lücken abgedruckt. Es fehlen Wörter, die Sie möglicherweise nicht kennen.

Geld oder Liebe

Weil er seiner Frau ______ einen Kartengruß zum ______ kaufen wollte, hat sich ein 47 Jahre alter ______ um einen Millionengewinn im Lotto ______. Der 47 Jahre alte ______ Salah Sid hatte nur noch 2,75 EUR in der Tasche, als er am ______ Samstag die Karte kaufte. Danach ______ das Geld nicht mehr für den wöchentlichen Lotto-Tipp. Er ______ deshalb. Als ______ die Lottozahlen gezogen wurden, ______ Frau und Kinder sofort, weil genau die Kombination gezogen wurde, die der Vater immer spielte. Und im ______ lagen ______ 20 Millionen Euro. Doch dann musste Sallah Sid ______, dass er ______ diesmal seinen ______ nicht gezahlt hatte. „Meine Kinder werden mir wohl nie ______", zitierte ihn das Blatt. Seine Frau sah alles halb so ______. „Ich liebe ihn nach wie vor", soll sie gesagt haben.

Welche Geschichte wird hier erzählt? Hatten Sie in Ü 1 die gleiche Vermutung?

Ü 3 Lesen Sie nun den ganzen Artikel „Geld oder Liebe". Unterstreichen Sie alle Wörter, die Ihnen unbekannt sind. Schauen Sie aber nicht gleich im Wörterbuch nach (das können Sie in der Prüfung auch nicht). Auf den folgenden Seiten erfahren Sie, wie Sie die Bedeutung unbekannter Wörter selbst finden können.

Geld oder Liebe

Weil er seiner Frau unbedingt einen Kartengruß zum Valentinstag kaufen wollte, hat sich ein 47 Jahre alter Brite um einen Millionengewinn im Lotto gebracht.

Der 47 Jahre alte Familienvater Salah Sid hatte nur noch 2,75 EUR in der Tasche, als er am vergangenen Samstag die Karte kaufte. Danach reichte das Geld nicht mehr für den wöchentlichen Lotto-Tipp. Er verzichtete deshalb. Als am Abend die Lottozahlen gezogen wurden, jubelten Frau und Kinder sofort, weil genau die Kombination gezogen wurde, die der Vater immer spielte. Und im Jackpot lagen umgerechnet 20 Millionen Euro. Doch dann musste Sallah Sid gestehen, dass er ausgerechnet diesmal seinen Einsatz nicht gezahlt hatte. „Meine Kinder werden mir wohl nie verzeihen", zitierte ihn das Blatt. Seine Frau sah alles halb so tragisch. „Ich liebe ihn nach wie vor", soll sie gesagt haben.

Tipp 4

UNBEKANNTE WÖRTER AUS ABLEITUNGEN ODER KONTEXT ERSCHLIESSEN

In der Prüfung dürfen Sie nicht mit dem Wörterbuch arbeiten, deshalb überlegen Sie sich bei jedem unbekannten Wort: Brauche ich wirklich die Bedeutung dieses Wortes, um den Satz bzw. Text zu verstehen bzw. um die Aufgabe zu lösen? Wenn ja, dann helfen Ihnen die folgenden Hinweise weiter, die Bedeutung eines Wortes ohne Wörterbuch herauszufinden.

Ü 4 Gibt es Wörter im Text „Geld oder Liebe" (siehe Ü 3), die Sie nicht kennen? Versuchen Sie, ihre Bedeutung mit Hilfe der folgenden Hinweise herauszufinden. Ergänzen Sie in der Spalte rechts weitere Beispiele.

	Erklärung	Beispiele im Text
Wortbildung	Bei Komposita (= Wörter aus zwei oder mehreren Nomen), wie z. B. *Kartengruß*, hilft Ihnen zuerst das Nomen am Ende (hier: *Gruß*), dann das Nomen davor (hier: *Karten*), die Bedeutung des Gesamtwortes zu erschließen.	Z. 1/2: *Kartengruß* Z. 3/4: ____________ Z. 10: ____________
Wortfamilie	In dem Wort *umgerechnet* erkennen Sie das Verb *rechnen* oder das Nomen *Rechnung*.	Z. 14: *umgerechnet* Z. 7: ____________ Z. 9: ____________
Wortfeld	In diesem Text geht es um Lotto. Wenn Sie den Begriff *Lotto* kennen, können Sie auch die anderen Begriffe aus dem Wortfeld *Lotto* verstehen, z. B. *den wöchentlichen Lotto-Tipp*.	Z. 9: *Lotto-Tipp* Z. 10/11: ____________ Z. 16: ____________
Kontext	Oft hilft Ihnen der Kontext: Lesen Sie auch den Satz vor und nach dem unbekannten Wort. Um herauszubekommen, was *Danach reichte das Geld nicht mehr ...* bedeutet, lesen Sie den Satz davor *... nur noch 2,75 EUR in der Tasche, als er ... die Karte kaufte*: Er hatte also nicht mehr genug Geld für den Lotto-Tipp.	Z. 8: *Danach reichte das Geld nicht mehr für ...* Z. 9/10: ____________ Z. 11: ____________ Z. 17: ____________

Ü 5 Lesen Sie die Wörter unten in dem Kasten; sie gehören alle zur Wortfamilie *sprechen*. Wahrscheinlich kennen Sie nicht alle Wörter. Schauen Sie jetzt nicht gleich (!) im Wörterbuch nach. Achten Sie auf den Kontext und finden Sie zu jeder Lücke das passende Wort aus dem Kasten. Beginnen Sie mit den Sätzen und Wörtern, die Ihnen leicht fallen, und lösen Sie die schwierigen Aufgaben erst zum Schluss.

Nachrichtensprecher ◆ versprechen ◆ Besprechung ◆ Sprechstundenhilfe ◆ Aussprache ◆ widersprechen ◆ Sprichwort ◆ Sprachraum ◆ ~~Muttersprache~~ ◆ Trinkspruch ◆ Sprechanlage

a) Meine Mutter ist Französin, mein Vater ist Schweizer, aber meine Muttersprache ist Deutsch, weil ich immer nur in Deutschland gelebt habe.

b) Meine Lehrerin sagt, dass man mich schlecht verstehen kann, weil ich große Probleme mit der ________________ habe. Ich soll in der Mediothek ein paar Phonetikübungen machen.

c) Und so lautet der klassische bayerische ________________, der alljährlich auf dem Oktoberfest in München gesungen wird: „Ein Prosit, ein Prosit der Gemütlichkeit!"

d) Gestern hatte ich Zahnschmerzen und eine dicke Backe. Ich ging sofort zu meinem Zahnarzt und bat die ________________ am Empfang, mir doch bitte einen Termin zu geben.

e) Einmal sagen die Politiker, dass sie die Steuern nicht erhöhen wollen, dann wieder heißt es, dass sie die Steuern doch erhöhen müssen. Die wissen auch nicht, was sie wollen, und ________________ sich ständig.

f) Herr Bauer, könnten Sie bitte Frau Klappke von der Firma Riemers anrufen und die ________________ von 15 Uhr auf 17 Uhr verlegen. Ich muss heute Nachmittag dringend zum Chef.

g) Jeden Morgen mache ich das Radio an, um die Stimme von Ludwig Möller zu hören, dem ________________ des Österreichischen Rundfunks. Er hat einen so schönen wienerischen Akzent.

h) Im gesamten deutschen ________________ (das heißt in der Schweiz, in Österreich, Liechtenstein und Deutschland) gelten seit August 1998 die neuen Orthographieregeln.

i) Erst gestern sind die Kinder wieder zu spät nach Hause gekommen. Heute mussten sie der Mutter hoch und heilig ________________, vor 18 Uhr wieder zu Hause zu sein.

j) Seit Tagen war die ________________ im Haus kaputt. Aus Angst vor Dieben öffnete deshalb die alte Frau niemandem mehr die Haustür, auch wenn es bei ihr klingelte.

k) Zum Schluss der Übung ein passendes ________________: „Ende gut, alles gut!"

Tipp 5

ALLGEMEINWISSEN EINSETZEN

In einem deutschen Text können immer wieder Wörter vorkommen, deren Bedeutung Sie bereits kennen, auch wenn Sie das Wort nie zuvor auf Deutsch gelesen, gelernt oder benutzt haben.

Ü 6 Ergänzen Sie in der Spalte rechts weitere Beispiele aus dem Text „Geld oder Liebe“ (siehe Ü 3).

	Erklärung	**Beispiele im Text**
Internationalismen	Im Deutschen gibt es Wörter aus dem Griechischen, Lateinischen, Englischen oder aus den romanischen Sprachen, deren Bedeutung international bekannt ist, z. B. *Physik, Museum, Produkt, Computer.*	Z. 3: *Millionen* Z. 12: ____________ Z. 19: ____________
Kultur- und Weltwissen	Dieses Wissen hilft, Wörter zu verstehen, deren Bedeutung in vielen Teilen der Welt bekannt ist. Z. B. wenn es bei Ihnen den *Valentinstag* gibt, wissen Sie, dass man an diesem Tag seiner/seinem Liebsten einen Kartengruß schickt oder Blumen schenkt.	Z. 2: *Valentinstag* Z. 13: ____________

Ü 7 Lesen Sie den folgenden Artikel. Denken Sie dabei an die Tipps auf den Seiten davor.

a) Unterstreichen Sie alle unbekannten Wörter. Lesen Sie dann den Text noch einmal ohne diese unbekannten Wörter. Überlegen Sie sich: Wovon handelt der Text? Worum geht es in diesem Text?

Babys an den Computer

Niemand ist zu klein, als dass er nicht schon Benutzer („User“) sein könnte – das scheint der letzte Marketing-Schrei der Computer-Branche zu sein: Kleinkinder werden als Zielmarkt entdeckt. Ab heute kann man ein Computer-Spiel mit den Teletubbies kaufen, den vier Plüsch-Babys, die seit einigen Monaten auch durch hiesige TV-Kanäle tapsen und insbesondere die 2- bis 4-Jährigen begeistern. Das Spiel will nicht nur unterhalten, sondern in Lernspielen frühkindliche Fähigkeiten fördern. So gilt es unter anderem, den Teletubbies beim Suchen ihrer Lieblingsspielzeuge zu helfen.

Doch auch Hardware-Hersteller setzen auf die Kleinsten: In der Schweiz wurde eine Computer-Maus in Katzenformat entwickelt, die an die

Hände von 2- bis 5-Jährigen angepasst sein soll. Da stellt sich unweigerlich die Frage: Wann kommt eigentlich der Nuggi* mit Internet-Anschluss ...?

* Babys haben das zur Beruhigung im Mund.

b) Entscheiden Sie bei jeder Unterstreichung: Ist das unbekannte Wort wichtig, um den Text zu verstehen?
Wenn ja, versuchen Sie, die Bedeutung dieses Wortes ohne Wörterbuch herauszufinden. Arbeiten Sie dabei mit den Tipps oben. Ergänzen Sie die Liste mit „Ihren" unbekannten Wörtern und den Tipps, die Ihnen dabei geholfen haben.

Titel: *Computer*	Tipp Internationalismus
Z. 4: *Zielmarkt*	Tipp Wortbildung: *Ziel* kennen Sie aus dem Sport, z. B. aus Auto- oder Skirennen. Das Gegenteil ist *Start*. *Markt* kennen Sie sicherlich von *Supermarkt*.
Z.	
Z.	
Z.	
Z.	
Z.	
Z.	

Leseverstehen Teil 1: Kurztexte

Zur Prüfung

Sie bekommen fünf Kurztexte zu zwei oder drei unterschiedlichen Themen: z. B. einen Prospekt der Bahn oder einen kurzen Werbetext aus der Zeitung. Einer der Kurztexte kann auch eine Statistik sein. Aus zehn Überschriften suchen Sie die passende Überschrift zu jedem der fünf Kurztexte aus.
Sie haben ca. 20 Minuten Zeit und können dafür maximal 25 Punkte bekommen.

Lösungsweg

Sie müssen hier schnell den Inhalt von fünf Kurztexten und zehn Überschriften erfassen. Das heißt, Sie sollen jeden Kurztext und jede Überschrift nur global lesen bzw. überfliegen und dann entscheiden, was zusammenpasst.
Nachfolgend finden Sie einen schnellen Lösungsweg. In der nächsten Übung können Sie ihn gleich an einem Beispiel ausprobieren.

Schritt 1: Lesen Sie die Überschriften und markieren Sie die Überschriften mit dem gleichen Thema.

Lesen Sie nicht genau. Sie müssen nur eine Idee vom Thema bekommen, nicht jedes Wort verstehen.
In diesem Prüfungsteil gibt es maximal drei Themenkreise. Markieren Sie die Themen mit verschiedenen Symbolen: z. B. mit einem Kreuz ✗ / Kreis ○ / Häkchen ✓.

▼

Schritt 2: Suchen Sie zu den Überschriften eines Themas den passenden Kurztext und markieren Sie ihn.

„Überfliegen" Sie die Kurztexte nur; schauen Sie auf Bilder, Überschriften und einzelne Wörter, um das Thema herauszufinden. Manchmal haben zwei Kurztexte ein ähnliches Thema. Markieren Sie mit einem Symbol.

▼

Schritt 3: Lesen Sie die Überschriften zu einem Thema und unterstreichen Sie die Unterschiede.

Lesen Sie jetzt die zwei bis drei Überschriften zu einem Thema genau. Meist unterscheiden sie sich in ein bis drei Stichworten; unterstreichen Sie diese.

▼

Schritt 4: Suchen Sie nach den Stichworten im Kurztext, vergleichen Sie Kurztext und Überschrift.

Lesen Sie nur die Textstellen genau, an denen die Stichworte aus der Überschrift im Kurztext auftauchen. Passt die Aussage in der Überschrift zum Inhalt des Textes, haben Sie die Lösung gefunden.

Bearbeiten Sie die anderen Überschriften und Texte genauso. Antworten Sie immer, auch wenn Sie unsicher sind, denn eine falsche Antwort bringt keine Minuspunkte.

Übungsbeispiel mit Kommentar zur Lösung

Welcher Kurztext passt zu welcher Überschrift? Sie dürfen jeden Kurztext und jede Überschrift nur einmal verwenden.

1 Bis zum Beginn der Sommersaison sollen Wirte und Hoteliers in Irland lernen, wieder zu lächeln, wenn sie einem ausländischen Urlauber begegnen. Für diese Werbekampagne gibt das irische Verkehrsamt etwa 350 000 Euro aus. Denn seit der Tourismus in Irland immer wieder steigende Zahlen zu verzeichnen hat, sei von der früher so selbstverständlichen Gastfreundschaft nur noch wenig zu spüren.

2 Für wenig Geld erst einmal schnuppern – das können Neugierige bei einer Reise nach Island. Im Preis von 698 Euro sind der Flug und sechs Nächte in einem Mittelklasse-Hotel in Reykjavík enthalten. Von dort geht es mit dem Bus zu Wasserfällen, Geysiren und Gletschern oder nach Grönland ins Land des ewigen Eises. Wem's gefällt, der kann wiederkommen. Info: Kodiak Reisen ☎ 02162/930011.

	Antwort
a Sinkende Besucherzahlen in Irland	
b Neugierig auf Island? Unsere 7-tägige Reise für wenig Geld	
c Tourismus in Irland: Eine Kampagne gegen das vergessene Lächeln	
d Superangebot: Ein Wochenendtrip nach Island	
e Gewinnen Sie 350 000 EUR oder eine Reise nach Irland	

Vergleichen Sie Ihre Lösung mit dem folgenden Kommentar zur Lösung. Sind Sie zum gleichen Ergebnis gekommen?

Schritt 1/2

Überschrift a / c / e gehören zusammen: Thema Irland – Kurztext 1
Überschrift b / d gehören zusammen: Thema Island – Kurztext 2

Thema Irland:

Schritt 3

a Sinkende Besucherzahlen in Irland
c Tourismus in Irland: Eine Kampagne gegen das vergessene Lächeln
e Gewinnen Sie 350 000 EUR oder eine Reise nach Irland

Schritt 4

a Passt nicht zu Kurztext 1 (im Text: *steigende Zahlen*).
c Passt zu Kurztext 1 (im Text: *lächeln* und *Kampagne*).
e Passt nicht zu Kurztext 1 (im Text: *... gibt ... 350 000 Euro aus ...*).

Thema Island:

Schritt 3

b Neugierig auf Island? Unsere 7-tägige Reise für wenig Geld:
d Superangebot: Ein Wochenendtrip nach Island

Schritt 4

b Passt zu Kurztext 2 (im Text: *wenig Geld und sechs Nächte* = 7-Tage-Reise)
d Passt nicht zu Kurztext 2 (im Text: *sechs Nächte*).

Prüfungsbeispiel

Lesen Sie zuerst die 10 Überschriften (a – j). Lesen Sie dann die 5 Kurztexte (Nr. 1 – Nr. 5) und entscheiden Sie: Welcher Kurztext passt am besten zu welcher Überschrift? Sie dürfen jeden Kurztext und jede Überschrift nur einmal verwenden. (Nur den Kurztext aus dem Beispiel dürfen Sie noch einmal verwenden.) Sie haben ca. 20 Minuten Zeit.

Beispiel: Reisebranche: Wachstum dank Senioren
Lösung: Die Überschrift passt zu Kurztext 3.

1 Mobiltelefone sind im Moment der Renner. So wie früher Taschenrechner und Walkmen bleiben heute Handys im Zug liegen. Liegen gebliebene Handys werden in die Fundstelle gebracht. Wenn sie drei Monate lang niemand dort abholt, werden sie eben versteigert. So wie auch diese Woche wieder im Südbahnhof.

2 Der Abend ist gerettet. Mit dem Guten-Abend-Ticket der Bahn fahren Sie sensationell günstig – von 19 Uhr abends bis 2 Uhr morgens (Abfahrts-/Ankunftszeit). Umsteigen, sooft Sie wollen. Kilometer, so viel Sie schaffen. Quer durch Deutschland. 1. oder 2. Klasse. Das Ticket gilt für die Hin- und, wenn Sie es schaffen, auch für die Rückfahrt. An allen Tagen, ausgenommen nur am Osterwochenende und an den Weihnachtsfeiertagen wegen des starken Feiertagsverkehrs.

3 Deutschlands Senioren werden immer mehr zu wichtigen Kunden der Reisebranche. Bis zum Jahr 2000, so die Hotel- und Gaststättenzeitung, werde jeder vierte Bundesbürger das 60. Lebensjahr überschreiten, was diese Altersgruppe zum größten Wachstumsmarkt für die Reisebranche mache. Senioren unternehmen bereits jetzt pro Jahr 16 Millionen Urlaubsreisen von über 5 Tagen. Hinzu kommen neun Millionen Kurzreisen. Ihren Urlaub lassen sich die Senioren durchschnittlich 750 Euro kosten. (…)

4 Da vor allem Zugreisende und Pendler immer häufiger wegen Belästigung durch Mobiltelefone klagen, will die dänische staatliche Bahngesellschaft DSB zur Tat schreiten. Nach der Einrichtung von handyfreien „Ruheabteilen" in Fernzügen seit dem 1. März sollen die Handy-Nutzer jetzt durch überall sichtbare Schilder zu Rücksicht auf ihr genervtes Publikum ermahnt und möglicherweise auf ganz spezielle Zugwaggons verwiesen werden.

5 **42 Milliarden Euro Reiseausgaben**
Moderne Verkehrsmittel und unkomplizierte Grenzformalitäten – in den letzten 50 Jahren ist der internationale Verkehr einfacher geworden. Urlaubs- und Geschäftsreisen sind längst keine Ausnahmen mehr.

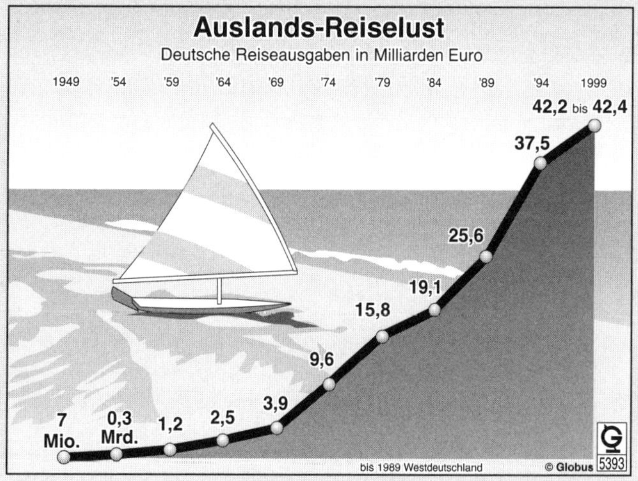

- [a] Senioren-Reisen für höchstens 750,– EUR
- [b] Immer mehr Deutsche verbringen ihren Urlaub im Ausland
- [c] Einzigartig: Abends schnell und billig durch Deutschland
- [d] Dänemark: Spezielle Zugabteile für Handybenutzer
- [e] Fahren Sie mit dem Guten-Abend-Ticket an Weihnachten zu Ihren Lieben
- [f] Geschäftsreisen ins Ausland sind die Ausnahme
- [g] Der Hit unserer Versteigerung: Vergessene Handys
- [h] Dänemark: Handyfreie Zonen gefordert
- [i] Reiselustige Senioren – die Kunden der Zukunft
- [j] Taschenrechner, Walkmen und Handys nur heute als Sonderangebot

Lösungen:	Kurztext 1	Überschrift:	________
	Kurztext 2	Überschrift:	________
	Kurztext 3	Überschrift:	________
	Kurztext 4	Überschrift:	________
	Kurztext 5	Überschrift:	________

Bevor Sie weitermachen, schauen Sie doch mal in den Lösungsschlüssel auf S. 103 f. Dort finden Sie Erklärungen zu den richtigen und möglichen falschen Lösungen. Lesen Sie die Erklärungen zu den Aufgaben und Übungen, die Sie falsch gemacht haben. Dabei können Sie auch etwas lernen.
Übrigens: Sie müssen nicht unserem vorgeschlagenen Lösungsweg folgen, auch wenn Sie damit auf der sicheren Seite sind. Vielleicht haben Sie ja auch einen eigenen guten Lösungsweg gefunden.

Leseverstehen Teil 2: Zeitungsartikel

Zur Prüfung

Sie bekommen einen Zeitungsartikel zu einem Thema von allgemeinem Interesse, manchmal können es auch zwei kürzere Zeitungsartikel sein. Dazu sollen Sie fünf Multiple-Choice-Aufgaben lösen: Das heißt, Sie haben in jeder Aufgabe drei Sätze zur Wahl, aber nur einer wiederholt korrekt das, was im Zeitungsartikel steht.

Wichtig: Die Aufgaben folgen nicht immer der Reihenfolge des Zeitungsartikels.
Sie haben ca. 35 Minuten Zeit und können maximal 25 Punkte bekommen.

Lösungsweg

Hier sollen Sie den Zeitungsartikel als Ganzes verstehen und an bestimmten Stellen den Text detailliert, d. h. genau lesen. Sie müssen nur dann (fast) jedes Wort einer Textstelle verstehen, wenn es dazu eine Aufgabe gibt. Die Frage zu jeder Aufgabe lautet: Welche Lösung ist richtig? Satz a, b oder c? Nur einer der drei Sätze wiederholt genau das, was im Zeitungsartikel steht.
Nachfolgend finden Sie einen schnellen Lösungsweg. In der nächsten Übung können Sie ihn gleich an einem Beispiel ausprobieren.

Schritt 1: Schauen Sie Überschrift und Bild an. Lesen Sie die Aufgaben.

So haben Sie bereits vor dem Lesen des Zeitungsartikels eine Idee vom Inhalt.

▼

Schritt 2: Lesen Sie den Text. Markieren Sie, wenn möglich, bereits an einigen Textstellen die Nummer der dazugehörigen Aufgabe.

Beim ersten Lesen sollen Sie nur das Thema und den Inhalt des Textes verstehen.
Markieren Sie nur an den Textstellen die Nummer der Aufgabe, wo Ihnen die Zuordnung leicht fällt. Später finden Sie so die einzelnen Textstellen schneller wieder.

▼

Schritt 3: Konzentrieren Sie sich jetzt auf die einzelnen Aufgaben. Lesen Sie die erste Zeile der Multiple-Choice-Aufgabe und suchen Sie die dazu passende Textstelle.

Fast immer findet man Wörter aus der Multiple-Choice-Aufgabe auch im Zeitungsartikel. Manchmal sind es auch andere Wörter, aber mit gleicher Bedeutung.

▼

Schritt 4: Vergleichen Sie die markierten Textstellen mit den drei Sätzen (a, b, c) in der Multiple-Choice-Aufgabe und wählen Sie den passenden Satz aus.

Lesen Sie die Textstelle ganz genau, um zu entscheiden, welcher Satz aus der Aufgabe den Inhalt genau wiederholt. Manchmal müssen Sie dazu auch den Satz davor oder danach lesen.

Bearbeiten Sie die anderen Aufgaben ebenso. Wenn Sie die Lösung einer Aufgabe nicht gleich finden, machen Sie die anderen Aufgaben und kehren erst am Schluss zu dieser Aufgabe zurück. Kreuzen Sie immer etwas an: Ihre Chance liegt zwischen 30 und 50%, und eine falsche Lösung bringt keine Minuspunkte.

Übungsbeispiel mit Kommentar zur Lösung

Lesen Sie den Zeitungsartikel und lösen Sie dann die drei Aufgaben dazu. Was steht im Text? Ist Lösung a, b oder c richtig?

Achtung: Die Aufgaben stehen manchmal nicht in der Reihenfolge des Zeitungsartikels.

Der Hund, der alte Feind des Briefträgers

Über 3500 Briefträger machten im vergangenen Jahr in Deutschland schlechte Erfahrungen mit Hunden. In Thüringen waren 117 Kollegen davon betroffen. Für die dortige Post waren es 117 Bisswunden zu viel. Sie entschied sich für eine Gegenaktion unter der Fragestellung, „Wie kann man das Verhalten der Zusteller während des Zustellgangs im Umgang mit Hunden ändern“. In Seminaren wird nun den 1900 thüringischen Briefträgern richtiges Verhalten gegenüber beißwütigen Vierbeinern vermittelt.

Die erste und wichtigste Lektion lautet: „Nicht wegrennen!“ Ein flüchtender Zusteller ist für den Hund eine Beute. Und die will er haben. Also empfiehlt der Fachmann: „Ruhig stehen bleiben.“ Und dann sollte man versuchen, ein kleines Lied anzustimmen. Ein zweiter guter Tipp: „Nehmen Sie immer ein Gummibällchen mit.“ So kann man den Hund ablenken, wenn er angreift, indem man ihm einfach das Bällchen zuwirft. Wofür sich der einzelne Briefträger entscheidet, ob Liedchen oder Gummibällchen, bleibt ihm überlassen.

Aufgaben:

1. Über 3500 deutsche Briefträger
   - [a] mussten mit ihrem verletzten Hund einen Arztbesuch machen.
   - [b] fürchten sich vor Hunden.
   - [c] wurden von Hunden gebissen.

2. Der Fachmann aus dem Seminar gibt den Rat,
   - [a] vor dem Hund zu flüchten.
   - [b] keinen Schritt mehr zu machen.
   - [c] dem Hund nachzurennen.

3. In dem Seminar
   - [a] erfahren die Briefträger, wie sie auf bissige Hunde reagieren sollen.
   - [b] wird das Verhalten von Hunden vorgestellt.
   - [c] wird nach Gründen für aggressives Verhalten bei Hunden gesucht.

Vergleichen Sie Ihre Lösung mit dem folgenden Kommentar zur Lösung. Sind Sie zum gleichen Ergebnis gekommen?

Schritt 1

Sie sehen Hunde und einen Briefträger. In der Überschrift steht das Wort *Feind*. In den Aufgaben steht *gebissen, Arztbesuch, Seminar*. Also geht es wahrscheinlich darum, dass Briefträger von Hunden gebissen werden und ein Seminar zu diesem Thema besuchen.

Aufgabe 1

Schritt 2, 3

Über 3500 Briefträger ist gleich am Textanfang in Zeile 1 zu finden.

Schritt 4

Satz [c] ist korrekt: In Zeile 2–4 heißt es *machten … schlechte Erfahrungen*, in Zeile 8/9 werden *117 Bisswunden zu viel* erwähnt.

Aufgabe 2

Schritt 2, 3

In Zeile 25 steht *Also empfiehlt der Fachmann …; Rat geben* und *empfehlen* sind Synonyme.

Schritt 4

Satz [b] ist korrekt: *keinen Schritt mehr machen* und *stehen bleiben* sind Synonyme.

Aufgabe 3

Schritt 2, 3

In Zeile 15 steht *in Seminaren.*

Schritt 4

Satz [a] ist korrekt: In Zeile 16/17 steht *richtiges Verhalten gegenüber beißwütigen Vierbeinern*. Ein Synonym zu *vermitteln* (im Text Zeile 18) ist *erfahren, wie … reagieren sollen*. Weitere Synonyme sind *beißwütige Vierbeiner* und *bissiger Hund*.

Prüfungsbeispiel

Lesen Sie den Zeitungsartikel „Telearbeit". Lösen Sie die Aufgaben Nr. 1 – 5. Kreuzen Sie die richtige Antwort an: a, b oder c.

Achtung: Die Reihenfolge der einzelnen Aufgaben folgt nicht immer der Reihenfolge des Zeitungsartikels.

Telearbeit

Die neue Arbeitsstelle: vom Schreibtisch zu Hause aus

Telearbeit – Chefs und Berufstätige profitieren vom Trend

Die Idee klingt viel versprechend: ab sofort zu Hause arbeiten zu können, nicht mehr täglich in die Firma fahren zu müssen, sich die langen Anfahrtswege oder Staus zur Rushhour zu ersparen. Statt dessen die Chance haben, bei freier Zeiteinteilung arbeiten zu können, wann und wie lange man will, und so letztlich über mehr Privatleben zu verfügen.

Seit einigen Jahren ist Telearbeit im Trend, ein wiederholt diskutiertes Thema in allen Medien und im Arbeitsleben. Anfangs bot diese Arbeitsform vor allem für Unternehmen der Computerindustrie eine gute Alternative zum üblichen Büroalltag. Inzwischen kann man in Deutschland bereits 135 000 Betriebe zählen, die ihren Angestellten oder Mitarbeitern eine Tätigkeit vom Computer zu Hause aus möglich machen. Dieses Ergebnis einer Studie des Fraunhofer-Instituts schafft zudem das Vorurteil aus der Welt, dass Telearbeit unqualifizierte Heimarbeit sei. In dieser Untersuchung wurde festgestellt, dass entgegen allen Erwartungen das Bildungsniveau der Telearbeiter überdurchschnittlich hoch sei. Auch das Vorurteil, Telearbeit sei „Frauenbeschäftigung" lässt sich schnell entkräften: Denn 59 Prozent derer, die diese Arbeitsform gewählt haben, sind Männer. Gute Erfahrungen mit Telearbeit machte z. B. die deutsche Telekom: 160 Mitarbeiter testeten zweieinhalb Jahre lang das neue Arbeitsangebot. Drei Viertel sagten, dass sie zu Hause viel produktiver seien als im Büro.

In Deutschland sind die beiden folgenden Modelle der Telearbeit im Vormarsch:

Die „heimbasierte" Telearbeit findet nur von zu Hause statt: Dem Beschäftigten steht in der Firma kein Arbeitsplatz zur Verfügung, die Verbindung zum Unternehmen läuft allein über die Computervernetzung und das Telefon.

Am weitesten verbreitet ist zur Zeit in Deutschland die zweite Variante, die „alternierende" Telearbeit: Fest angestellte Mitarbeiter arbeiten meistens daheim, sind nur noch an ein oder zwei Tagen im Büro an ihrem Schreibtisch. Da sie nur an bestimmten Wochentagen im Betrieb anwesend sein müssen, teilen sie sich ihr Büro mit anderen Mitarbeitern, die ebenfalls nur selten da sind.

Melanie Haag (29, mit einer Tochter) arbeitet für ein Unternehmen zu Hause am Computer und musste feststellen, dass schon eine gehörige Menge Selbstdisziplin nötig sei, den Tag zu Hause genauso konsequent einzuteilen wie im Büro. Am Abend müsse man oft all die Aufgaben erledigen, die während des Tages liegen geblieben sind, weil wieder mal das Privatleben dazwischenkam. Trotzdem findet sie: „Telearbeit ist eine tolle Sache. Endlich eine Möglichkeit, Job und Familie unter einen Hut zu bringen." Diese Denkweise hat Zukunft: Immerhin 225 000 Unternehmen wollen in den nächsten Jahren Telearbeit einführen.

Beispiel: Telearbeit

[a] ist ein anderes Wort für „Lernen mit dem Computer".
[X] bedeutet, für eine Firma zu Hause zu arbeiten.
[c] beschreibt die Arbeitsweise aller künftigen Chefs und Berufstätigen.

Lösung: [b]

Aufgaben:

1. Telearbeit bedeutet,
   [a] dass die Zeit fürs Privatleben zu kurz kommt.
   [b] die Arbeitszeit pro Tag verkürzt sich.
   [c] jeder entscheidet selbst über seine Arbeits- und Freizeit.

2. Bei der deutschen Telekom
   [a] sagen 34 von 160 Mitarbeitern, dass sie von Telearbeit begeistert sind.
   [b] sagt die Hälfte der Mitarbeiter, dass sie im Büro besser arbeiten könnten.
   [c] sagt die Mehrheit der Mitarbeiter, dass sie zu Hause mehr leisten.

3. Die Untersuchung des Fraunhofer-Instituts hat gezeigt,
   [a] dass Telearbeiter ein ausgezeichnetes Bildungsniveau haben.
   [b] dass Telearbeiter eine geringere Bildung haben.
   [c] dass Telearbeiter kaum ausreichendes Wissen besitzen.

4. Telearbeit bietet die Möglichkeit,
   [a] dass man zwischen Familie und Job wählt.
   [b] sich um Job und Familie gleichzeitig zu kümmern.
   [c] einen gut bezahlten Job trotz Familie zu finden.

5. Telearbeit gehört die Zukunft, denn
   [a] viele Unternehmen denken daran, Telearbeit einzuführen.
   [b] 225 000 Unternehmen haben sich bereits dafür entschieden.
   [c] im Jahr 2000 wird sie in ganz Deutschland eingeführt.

(Einen Kommentar zur Lösung finden Sie auf Seite 104.)

Leseverstehen Teil 3: Kleinanzeigen

Zur Prüfung

Sie bekommen 12 Kleinanzeigen zu maximal drei Themenbereichen: z. B. Anzeigen von Restaurants/ Hotels, Anzeigen von Sprachschulen oder Werbung von Reisebüros. Sie sollen zu zehn Situationen, die kurz beschrieben werden, das passende Angebot bzw. die passende Anzeige heraussuchen, z.B. ein Restaurant mit Garten oder einen billigen Flug nach Afrika.

Wichtig: Zu manchen Situationen gibt es keine passende Anzeige, dann müssen Sie im Antwortbogen „0" notieren.
Sie haben etwa 15 Minuten Zeit und können maximal 25 Punkte bekommen.

Lösungsweg

Hier ist Ihre Aufgabe, bestimmte Informationen (z. B. zu Zeit, Ort oder Angebot) aus den Anzeigen herauszusuchen, das heißt, Sie sollen hier nur selektiv lesen. Sie lesen nur dann die Anzeigen genauer, wenn zu einer Situation mehrere Texte passen.
Nachfolgend finden Sie einen schnellen Lösungsweg. Auf der nächsten Seite können Sie ihn gleich an einem Beispiel ausprobieren.

Schritt 1: Lesen Sie den Text einer Situation: Was wünscht die Person? Unterstreichen Sie diese Wünsche.

Die speziellen Wünsche können den Ort oder die Zeit betreffen. Die Unterstreichungen helfen Ihnen bei der Suche nach der passenden Kleinanzeige.

▼

Schritt 2: Suchen Sie unter den zehn Kleinanzeigen die Anzeige(n), die dazu passen könnte(n).

Lesen Sie die Kleinanzeigen nicht genau, sondern überfliegen Sie sie nur. Markieren Sie alle in Frage kommenden Anzeigen mit einem Symbol, z. B. mit ✓. Wenn nur eine Anzeige passt, haben Sie die Lösung schon.

▼

Schritt 3: Wenn mehrere Anzeigen passen, suchen Sie unter diesen Anzeigen nach den speziellen Wünschen der Person. Markieren Sie alle wichtigen Informationen in der / den Anzeige(n).

So finden Sie später die wichtigen Stellen einer Anzeige schneller wieder.

▼

Schritt 4: Vergleichen Sie die Unterstreichungen in der Situation und in der Anzeige und entscheiden Sie, welche Anzeige die Wünsche der Person erfüllen könnte.

Wenn Sie sich zwischen zwei oder mehr Kleinanzeigen nicht entscheiden können, müssen Sie
- noch einmal nachlesen, was in der Situation gewünscht wird,
- in den Kleinanzeigen mehr auf Details achten.

Wenn es zu einer Situation keine Kleinanzeige gibt, schreiben Sie im Antwortfeld „0".

Bearbeiten Sie die anderen Situationen genauso. Schreiben Sie immer etwas ins Antwortfeld, denn eine falsche Lösung bringt keine Minuspunkte.

Übungsbeispiel mit Kommentar zur Lösung

Lesen Sie zuerst die 5 Situationen (Nr. 1 bis 5) und dann die 6 Anzeigen (A–F). Welche Anzeige passt zu welcher Situation? Sie können jede Anzeige nur einmal verwenden. Es ist auch möglich, dass es keine passende Antwort gibt. In diesem Fall schreiben Sie „0".

Situationen:	Anzeige:
1. Ihre Freundin möchte in ihrer Freizeit gerne Salsa singen lernen. Sie suchen für sie einen passenden Kurs.	
2. Ihr Chef lädt zum Mittagessen ein und sucht dafür ein Restaurant mit dem günstigsten Preis.	
3. Sie waren letzte Woche in einem Restaurant und haben dort eine Bauchtänzerin gesehen. Jetzt möchten Sie das auch lernen.	
4. Sie suchen ein schönes Lokal, in dem Sie mit Ihren Freundinnen Blues und Jazz-Musik hören können.	
5. Sie haben Geburtstag und möchten Ihre Freunde in ein Restaurant einladen, in dem gutes Essen und Unterhaltung angeboten werden.	

A

India Town
Indisches Spezialitäten Restaurant
- Spezialitäten aus dem Tandoori-Lehmofen
- Große vegetarische Auswahl
- Preiswerte Mittagsgerichte schon ab 4.90
- Wir arrangieren gerne Ihre Partys und Geburtstagsfeiern

Varerstr. 67/Ecke Bertstraße
Tel. 259 30 79
Öffnungszeiten: täglich
11.30 bis 14.30 · 17.00 bis 24.00

B

Blue Planet School
Hast Du schon mal gesungen?
ZUM BEISPIEL: BRASILIANISCHE MUSIK
JAZZ · SALSA · POPMUSIK
JEDEN DIENSTAG
VIEL FREUDE!!! UND VIEL SPASS!!!
RHYTHMUS UND BEWEGUNG
RICHTIGE ATMUNG UND TECHNIK-VOCAL
INFO TEL. 337 09 39

C

Aus dem Bauch Tanzen
Die Grundbewegungen des Bauchtanzes erspüren und daraus einen individuellen Tanz entwickeln
Gilda Schwingenschlögl · Tel. 59 68 88

D

NEUERÖFFNUNG
Tamanna
Indisches Restaurant
Preiswerte Mittagsmenüs ab EUR 5,50
Blohmstraße 14
Telefon 33 94 45 23
Geöffnet täglich 11.30 bis 14.30 und 18.00 bis 1.00 Uhr
Kein Ruhetag

E

Ernesto präsentiert:
Salsa Night
DJs:
John
Super Genie

Jeden Donnerstag 20.00–21.00 kostenloser Tanzkurs
Jeden Samstag 21.00–22.00 kostenloser Tanzkurs
jeweils mit Fernando (Kolumbien)
SINGLES
Leopoldstraße 23 · Tel. 29 03 77
Jeden Freitag 22.30–6.00
FORTUNA

F

Jeden So/Mo offenes Buffet 14,50 · *All you can eat!*
Taverna Palet
Hochstr. 3
Tel. 93 33 76
Türkische Spezialitäten, auch vegetarisch
Bauchtanz – Türkische Musik
Täglich 17.00–1.00 · Fr/Sa bis 3.00 · kein Ruhetag

Vergleichen Sie Ihre Lösung mit dem folgenden Kommentar zur Lösung. Sind Sie zum gleichen Ergebnis gekommen?

Schritt 1

1. Ihre Freundin möchte in ihrer Freizeit gerne Salsa singen lernen. Sie suchen für sie einen passenden Kurs.
2. Ihr Chef lädt zum Mittagessen ein und sucht dafür ein Restaurant mit dem günstigsten Preis.
3. Sie waren letzte Woche in einem Restaurant und haben dort eine Bauchtänzerin gesehen. Jetzt möchten Sie das auch lernen.
4. Sie suchen ein schönes Lokal, in dem Sie mit Ihren Freundinnen Blues und Jazz-Musik hören können.
5. Sie haben Geburtstag und möchten Ihre Freunde in ein Restaurant einladen, in dem gutes Essen und Unterhaltung angeboten werden.

Schritt 2

In Kleinanzeige A, D, F geht es um Restaurants.
Bei Kleinanzeige B, C, E, F geht es um Tanz und/oder Singen.

Aufgabe 1

Schritt 3

Anzeige E: *Salsa Night ... Tanzkurs* und Anzeige B: *... gesungen ... Salsa*

Schritt 4

Richtig ist nur Anzeige B: Hier kann man Salsa singen lernen, in Anzeige E kann man nur Salsa tanzen lernen.

Aufgabe 2

Schritt 3

Anzeige A: *India Town ... preiswerte Mittagsgerichte ab 4,90* und Anzeige D: *Tamanna ... preiswerte Mittagsmenüs ab 5,50 ...“*

Schritt 4

Richtig ist nur Anzeige A: Hier ist das Menü am billigsten.

Aufgabe 3

Schritt 3

Anzeige C: *Bauch Tanzen ... Tanz entwickeln* und Anzeige F: *Taverna Palet ... türkische Spezialitäten ... Bauchtanz ...*

Schritt 4

Richtig ist nur Anzeige C: Hier kann man Bauchtanzen lernen, in Anzeige F nur anschauen.

Aufgabe 4

Schritt 3

Anzeige B: *Blue Planet School ... Jazz.*

Schritt 4

Richtig ist „0“: Anzeige B passt nicht, dort lernt man Jazz singen.

Aufgabe 5

Schritt 3

Anzeige A: *India Town ... arrangieren Geburtstagsfeiern* und Anzeige D: *Tamanna ... Indisches Restaurant ...* und Anzeige F: *Taverna Palet ... türkische Spezialitäten ... Bauchtanz – Türkische Musik ...*

Schritt 4

Richtig ist nur Anzeige F: Zu Unterhaltung gehören Musik und Tanz.

Prüfungsbeispiel

Lesen Sie zuerst die 10 Situationen und dann die 12 Anzeigen. Welche Anzeige passt zu welcher Situation? Sie können jede Anzeige nur einmal verwenden. (Die Anzeige aus dem Beispiel können Sie noch einmal verwenden.) Es ist auch möglich, dass es keine passende Anzeige gibt. In diesem Fall schreiben Sie „0".

Beispiele:

01 Sie wollen nach Kalifornien fliegen und dort auch gleich eine Unterkunft reservieren lassen. — Anzeige: C

02 Sie möchten im Urlaub einen Kurs machen, um italienisch kochen zu lernen. — Anzeige: 0

Situationen:	**Anzeige:**
1. Eine Freundin von Ihnen will aus beruflichen Gründen Italienisch lernen. Sie möchte dabei aber auch das Land kennenlernen.	☐
2. Ihr Bruder ist Student und möchte seine Freundin abends zum Essen einladen. Da er nicht viel Geld hat, sollte es billig sein.	☐
3. Die Nachbarsfamilie würde gern Urlaub mit dem Zelt machen. Sie suchen für sie ein passendes Reisebüro.	☐
4. Ihr Sohn ist schlecht in Englisch. Sie wollen, dass jemand zu Ihnen nach Hause kommt und mit Ihrem Sohn Englisch lernt.	☐
5. Ihr größter Traum ist eine Reise auf einem Kreuzfahrtschiff. Sie suchen ein Reisebüro, das Ihnen weiterhelfen kann.	☐
6. Sie sind neu in der Stadt und haben gerade erst zu studieren begonnen. Sie suchen ein Lokal, in dem sich vor allem Studenten treffen.	☐
7. Sie würden gerne einmal mit dem Fahrrad Urlaub machen. Dafür suchen Sie ein passendes Reisebüro.	☐
8. Ein Freund möchte Sie sonntags zum Frühstück in ein Lokal einladen. Geben Sie ihm einen Tipp.	☐
9. Einige Freunde sind überraschend abends zu Besuch gekommen. Sie haben keine Zeit zum Kochen und wollen deshalb Essen bringen lassen.	☐
10. Sie möchten durch Deutschland wandern und möchten sich dafür Landkarten verschiedener Regionen besorgen.	☐

(Einen Kommentar zur Lösung finden Sie auf S. 105 ff.)

A

ZEUGNISSORGEN?
Wir helfen:
Nachhilfe von der Grundschule bis zum Abitur
Minigruppen für jedes Fach und Einzeltraining
Tel. 19 443
Nachhilfe mit System
STUDIENKREIS®
München, Sendlinger Straße 35
(U 1, 2, 3, 6) • Mo-Fr 14.00-17.00 Uhr

B

Ostern in der Sonne
Rad- und Wandertouren in Südfrankreich, in der Toscana, auf der Kanarischen Inseln und in Griechenland und Andalusien.
Segeltörns und Aktivreisen weltweit!
Costa Rica, Marokko, Ecuador und Vietnam
Natours - Untere Eschstraße 15
49179 Ostercappeln
Tel. 05473/ 92293 - Fax 05473/ 8213
www.natours.de

C

FERNFLÜGE
Fliegen Sie weltweit preiswert.
Wir bieten Ihnen die Sondertarife!
Los Angeles 374,-
Kathmandu 670,-
Flugpreis inkl.Steuern und Gebühren!
Zu vielen Zielen bieten wir auch Jugend- u. Studententarife!
Buchen Sie Mietwagen u. Hotel gleich mit!
Rufen Sie an! Schnell und einfach
09181/69432
GÖK REISEN
GÖK REISEN GmbH
Hallstr. 2 b; 92318 Neumarkt

D

Last Minute
City Center
Weltweit Campingflüge und Pauschalreisen
Sonderangebote:
Türkei, Nord-Zypern, Griechenland
GENC-REISEN
Sonnenstraße 8 · 80331 München
Tel. 089 / 59 46 17

E

Schaun S'doch,
daß' weiterkommen
Mit guten Sprachkenntnissen verbessern Sie Ihre Karrierechancen.
Jeder 3. Arbeitsplatz hängt vom Export ab.
Rufen Sie uns an, wir haben interessante Kursangebote.
SPRACHSTUDIO
lingua nova
Thierschstr. 36, 80538 Mü.-Lehel
Telefon 089/22 11 79

F

500 gute Lehrkräfte in allen Stadtteilen
NACHHILFE
alle Fächer, auch Hausbesuche
26 Jahre Erfahrung, beste Referenzen
Schülercolleg Häberle
80798 München, Zieblandstr. 25
3 Min. von U2 Josephsplatz
Tel. 52 62 52 und 54 27 55

G

Indisches
Spezialitäten-Restaurant
Maharadscha
Heimservice
Blutenburgstraße 15
Täglich von:
11.30 Uhr - 14.30 Uhr
17.30 Uhr - 23.30 Uhr
☎ 18 56 03

H

VIVA LA CITA
Café · Cocktailbar · Restaurant
Mittagsmenüs
Mo-Fr, 11-16 Uhr
Frühstücksbrunch
für nur EUR 6,50
Sa+So, 9-15 Uhr
Hohenzollernstraße 12 · 80801 München
Tel. 34 78 13

I

jeden Montag • 21.00
„Besser Trinken und Feiern"
Der Montags Studentenclub
Jedes Getränk 0,50
Longdrinks 1,50
Eintritt:
Damen 5,–
Herren 7,–
KELLER
Beste Musik aus den letzten drei Jahrzehnten
DJs: Dan L. & Mr. Hippy Shake
KUNSTPARK OST

J

Italienisch lernen
Toscana
in einem Schloß am Meer
Arci Pasolini
Schloßstrasse 55
D-60486 Frankfurt/Main
Tel: +49 (69) 77 99 67
Fax: +49 (69) 70 71 60 9

K

WIRTSHAUS • BÜHNE
Prinzregent-Garten
Täglich von 10.00 Uhr - 00.00 Uhr
Hit der Woche:
Wenn ihr zu zweit seid und unser Gericht der Woche bestellt, muß nur einer bezahlen!
Benediktinerstraße 35/Ecke Weinbergerstraße
81241 München-Pasing • Telefon 089/820 27 69

L

Studio M. Grüger
★ Nachhilfe in allen Fächern
★ FERIENKURSE
★ Hausaufgabenbetreuung
★ Vorbereitung auf sämtl. Prüfungen
80333 München, Karlstr. 36 Rgb.
☎ 55 33 04 Fax 5 50 40 09

Allgemeine Tipps zur Prüfung

Problem	Tipp
1. Mit welchem Teil fange ich am besten an?	Beginnen Sie mit den Teilen, die Ihnen leichter fallen (z. B. Leseverstehen Teil 1 und 3). So bleibt Ihnen am Schluss mehr Zeit zum Überlegen für die schwierigeren Teile. Sie können natürlich ganz normal mit Leseverstehen Teil 1 beginnen, dann mit Teil 2 weitermachen usw.
2. Ich darf nicht vergessen, dass am Schluss die Antworten auf dem Antwortbogen markiert sein müssen.	Arbeiten Sie mit der Uhr. Zehn Minuten vor Schluss, also nach 80 Minuten, beginnen Sie spätestens mit der Übertragung der Antworten in den Antwortbogen. Sie können die Antworten auch gleich nachdem Sie sie gelöst haben, in den Antwortbogen übertragen. Wichtig: Nach 90 Minuten müssen die Antworten auf dem Antwortbogen markiert sein. Der Prüfer korrigiert und bewertet nur das Antwortblatt.
3. Ich komme nicht gleich auf die richtige Antwort.	Machen Sie bei schwierigen, ungelösten Aufgaben oder noch unsicheren Antworten ein Fragezeichen. So finden Sie später die schwierigen Aufgaben schneller wieder und können noch einmal über die richtige Lösung nachdenken.
4. Kurz vor Schluss der Prüfung habe ich zu einigen Aufgaben die richtige Lösung noch nicht gefunden.	Kreuzen Sie immer eine Lösung an, denn für Falschantworten bekommen Sie generell keinen Minuspunkt. So nutzen Sie wenigstens die Chance, zufällig auf die richtige Lösung zu kommen.

Hilfreiche Hinweise zum Schluss

- Erweitern Sie Ihren Wortschatz. Stellen Sie den Wortschatz zu verschiedenen Themen wie „Reisen", „Essen", „Lernen" zusammen. So erkennen Sie zum Beispiel, dass „Unterkunft" ein Synonym zu „Hotel" ist oder „Unterricht außerhalb der Schule" identisch mit dem Begriff „Nachhilfe" ist. (Beispiele aus LV3)
- Lesen Sie Zeitungen, besonders Artikel über den deutschen Alltag oder neuere Tendenzen im deutschen Lebens- und Berufsalltag. Sie bekommen die Artikel auch über das Internet: Fast alle großen deutschen Tageszeitungen haben eine Homepage (Adressen über Goethe-Institut-Homepage: *www.goethe.de*).

Hinweise zur Bewertung des Prüfungsteils Leseverstehen finden Sie auf S. 38.

Sprachbausteine

Zur Prüfung

In diesem Teil des Zertifikats Deutsch werden Ihre Kenntnisse zur Grammatik und zum Wortschatz geprüft. Sie erhalten zwei Lückentexte (Briefe) und sollen aus einer Auswahl von Wörtern das heraussuchen, was im Textzusammenhang jeweils in die Lücke passt.

Im ersten Text geht es um Grammatik. Sie erhalten einen Brief als Lückentext. Zu jeder Lücke des Briefes gibt es eine Auswahl von drei Wörtern und Sie markieren das jeweils richtige: also die passende Präposition, das Wort mit der passenden Endung, das Wort im passenden Tempus usw.

Im zweiten Text geht es um den Wortschatz. Sie erhalten einen Brief mit 10 Lücken und eine Auswahl von 15 Wörtern. Aus diesen 15 Wörtern sollen Sie das jeweils passende für die Lücken heraussuchen.

Am Ende übertragen Sie die Lösungen auf den Antwortbogen.
Sie haben ca. 20 Minuten Zeit und können maximal 30 Punkte bekommen.

Tipps

LÖSUNGSSTRATEGIEN

- Zeit gut einteilen! Sie haben 10 Minuten Zeit für Sprachbausteine Teil 1 und 10 Minuten für Teil 2, also insgesamt 20 Minuten. In dieser Zeit müssen auch die Lösungen auf dem Antwortbogen markiert sein. Reservieren Sie dafür 3 Minuten vor dem Ende dieses Prüfungsteils.
- Kreuzen Sie beim ersten Lesen die Lösungen an, die Sie sofort und sicher wissen.
- Beim zweiten Lesen lösen Sie den Rest: Überlegen Sie z. B., welche der drei Lösungen <u>nicht</u> richtig ist, und entscheiden Sie sich dann zwischen den restlichen zwei. So erhöhen sich Ihre Chancen die richtige Form anzukreuzen auf 50%.
- Markieren Sie beim Bearbeiten die Lösungen, bei denen Sie sich nicht ganz sicher sind, mit einem Fragezeichen, so dass Sie diese am Ende noch einmal überprüfen können.
- Nutzen Sie Ihr passives Sprachwissen und Ihr Sprachgefühl, wenn Sie bei einer Lösung unsicher sind, indem Sie die Lösung ankreuzen, die besser „klingt".
- Falls Sie gar nicht wissen, welche Lösung korrekt ist, kreuzen Sie auf jeden Fall irgendeine der drei Möglichkeiten an, denn Sie bekommen keine Negativpunkte für falsche Lösungen. So haben Sie nach dem Zufallsprinzip eine Chance von 33,3%, die richtige Lösung zu finden.

Sprachbausteine Teil 1

Prüfungsbeispiel mit Kommentar zur Lösung

Arbeitszeit: etwa 10 Minuten

Lesen Sie den folgenden Text und kreuzen Sie für jede Lücke das richtige Wort (a, b, oder c) an.

Liebe Anna, lieber Peter,

viele Grüße aus Kreta. Wie ihr ______ (0), bin ich ______ (1) einer Woche mit meinem neuen Freund im Urlaub in Griechenland. Alles ist wunderbar! Wir haben ein ______ (2) Zimmer mit Blick ______ (3) Meer, Balkon und eigenem Bad. Ihr könnt ______ (4) gar nicht vorstellen, wie sehr wir ______ (5) Tag hier genießen nach der vielen Arbeit in den letzten Wochen in Hamburg. Zum Glück ist es sehr warm, ______ (6) ja nicht selbstverständlich ist ______ (7) April. Nur das Meer ist noch ein bisschen kalt, ______ (8) sind wir gestern kurz schwimmen gegangen. Also das Baden ist im Sommer wirklich angenehmer!!! Am Wochenende wollen wir uns ______ (9) Auto mieten und uns ein bisschen die Umgebung anschauen. ______ (10) freue ich mich schon!

Bis bald.
Viele Grüße
Sabine

Beispiel: (0)

- [a] weißt
- [X] wisst
- [c] wissen

Lösung: [b]

Aufgaben

1. [a] seit [b] vor [c] für
2. [a] schöner [b] schönen [c] schönes
3. [a] aufs [b] zu [c] nach
4. [a] euch [b] Ihnen [c] sich
5. [a] jeder [b] jeden [c] jedes
6. [a] das [b] die [c] was
7. [a] in [b] im [c] am
8. [a] obwohl [b] trotzdem [c] trotz
9. [a] eines [b] ein [c] einen
10. [a] worauf [b] darüber [c] darauf

Vergleichen Sie Ihre Lösungen mit dem folgenden Lösungsschlüssel. Hier finden Sie auch kurze Erklärungen, warum das eine Lösungswort richtig ist und warum die anderen nicht richtig sind.
Aus Ihren Fehlern können Sie lernen, wo es noch Lücken in Ihren Grammatikkenntnissen gibt. Die Begriffe in Klammern helfen Ihnen, zum Wiederholen das passende Kapitel in Ihrer Grammatik zu finden.

Lösungsschlüssel mit Kommentar

1 (Präposition) richtige Lösung: [a] seit
seit + Dativ, immer mit Verb im Präsens
vor + Dativ, immer mit Verb in der Vergangenheitsform
für + Akkusativ

2 (Adjektivendung) richtige Lösung: [c] schönes
Zimmer ist Neutrum und steht hier im Akkusativ

3 (Präposition) richtige Lösung: [a] aufs
auf von oben auf etwas schauen, ähnlich wie *Stell die Flasche bitte auf den Tisch!*
zu gibt nur die Richtung an
nach nur mit Namen von Städten und Ländern (ohne Artikel) *nach Wien, nach Polen*

4 (Pronomen) richtige Lösung: [a] euch
euch (Reflexivpronomen) entsprechend *ihr* (Personalpronomen/2. Person Plural)
Ihnen ist Personalpronomen im Dativ der Höflichkeitsform
sich ist Reflexivpronomen der 3. Person Singular (er, sie, es) und Plural (sie)

5 (Artikelwort) richtige Lösung: [b] jeden
Regel: Zeitangaben ohne Präposition stehen im Akkusativ!
Tag ist maskulin, also *den* Tag, *jeden* Tag

6 (Relativpronomen) richtige Lösung: [c] was
Es gibt kein Bezugswort im Hauptsatz, sondern das Relativpronomen bezieht sich auf den ganzen Hauptsatz: was
das und *die* als Relativpronomen brauchen ein Nomen als Bezugswort im Hauptsatz

7 (Präposition) richtige Lösung: [b] im
Monatsnamen immer mit der Präposition *in*
Auf die Frage *wann?* steht bei Wechselpräpositionen der Dativ: *im April*

8 (Konnektor) richtige Lösung: [b] trotzdem
trotzdem + Hauptsatz, das heißt, das Verb steht an zweiter Position *(trotzdem sind wir ...)*
obwohl + Nebensatz (Verb am Ende)
trotz ist eine Präposition und steht vor einem Nomen

9 (Artikelwort) richtige Lösung: [b] ein
Auto ist Neutrum und hier Akkusativobjekt
eines ist Genitiv maskulin oder neutrum
einen ist Akkusativ maskulin

10 (Pronominaladverb/Verb + Präposition) richtige Lösung: [c] darauf
darauf bezieht sich auf den Satz davor (ein Auto mieten und die Umgebung anschauen)
sich freuen auf (= etwas in der Zukunft) / *sich freuen über* (= etwas, was schon passiert ist)
worauf ist nur Fragewort oder Relativpronomen

Sprachbausteine Teil 2

Prüfungsbeispiel mit Kommentar zur Lösung

Arbeitszeit: etwa 10 Minuten

Lesen Sie zuerst die Zeitungsanzeige, auf die sich der folgende Brief bezieht. Lesen Sie danach den Brief mit den Lücken und entscheiden Sie bei jeder Lücke, welches Wort aus dem Kasten (a–p) passt. Sie können jedes der Wörter von a–p nur einmal verwenden. Nicht alle dieser Wörter passen in den Text.

Sie möchten

Ihre Deutschkenntnisse verbessern *und* gleichzeitig Urlaub machen?

Da haben wir genau das richtige Angebot für Sie:

Sommersprachkurse und Aktivurlaub mit Sport und Spaß
in einer der schönsten Städte Deutschlands am Rande des Schwarzwalds!

Schreiben Sie uns! Wir schicken Ihnen gern unsere Informationsbroschüre zu.

Sprachschule Europa
Lorettostr.15
79015 Freiburg

Sehr ______ (0) Damen und Herren,

mit großem Interesse habe ich Ihre Anzeige in La Stampa gelesen. Im Sommer möchte ich sehr ______ (1) nach Deutschland fahren, ______ (2) meine Deutschkenntnisse zu verbessern. ______ (3) Sie mir bitte Ihr Kursprogramm mit Preisliste zuschicken? ______ (4) ich viel Sport treibe, interessiere ich mich auch sehr ______ (5) Ihr Freizeitangebot.

______ (6) ich vor zwei Jahren an Ihrer Sprachschule in Berlin war, habe ich bei einer sehr netten Familie gewohnt, was mir sehr ______ (7) gefallen hat. Vermitteln Sie in Freiburg auch Zimmer in Familien? Wenn ja, ______ (8) kostet ein Zimmer pro Monat?

______ (9) hätte ich noch eine Frage: Gibt es in Ihrer Schule einen Computer mit Internet und E-Mail-Anschluss, den ich ______ (10) kann?

Im Voraus vielen Dank für Ihre Mühe.

Mit freundlichen Grüßen

Tomaso Alberti

Beispiel: Sehr ______ (0) Damen und Herren,
Lösung: g

a als
b benutzen
c da
d deshalb
e endlich
f für
g ~~geehrte~~
h gern
i gut
j könnten
k schließlich
l um
m viel
n wenn
o wie teuer
p wie viel

Vergleichen Sie Ihre Lösungen mit dem folgenden Lösungsschlüssel.
Hier finden Sie auch kurze Erklärungen, warum das eine Lösungswort richtig ist und warum die anderen nicht richtig sind.

Lösungsschlüssel mit Kommentar

1 h
etwas (sehr) *gern* machen (*Ich esse sehr gern Pizza./ Ich fahre gern Ski.*)

2 l
In diesem Satzteil steht das Verb am Ende, deshalb muss die Lösung eine Nebensatzkonjunktion sein. Es wird eine Intention/Absicht ausgedrückt, und das macht man mit *damit* oder *um zu*. In diesem Satzteil gibt es kein Subjekt, also ist nur *um* möglich (*zu* steht schon da).

3 j
Dies ist ein Fragesatz mit einem Infinitiv (*zuschicken*) am Ende. Deshalb muss an der ersten Position ein Modalverb stehen. In den Lösungen gibt es nur eins (*könnten*).

4 c
Ein Nebensatz mit Verb am Ende und es wird der Grund genannt, warum er sich für das Freizeitangebot interessiert. Es gibt nur eine kausale Konjunktion (*da*).

5 f
Vor dem Nomen fehlt die obligatorische Präposition von *sich interessieren*: das ist *für*.

6 a
Ein Nebensatz mit Verb am Ende. Es geht um die Zeit vor zwei Jahren, das heißt, es handelt sich nicht um eine wiederholte (*wenn*), sondern um eine einmalige Handlung (*vor zwei Jahren*) in der Vergangenheit: *als*

7 i
etwas gefällt mir gut (nicht *viel*)

8 p
Wie viel kostet ein Zimmer? (Aber: *Wie teuer ist das Zimmer?*)

9 k
Konnektor, der einen Hauptsatz (Verb steht an zweiter Position) einleitet.
Wir sind am Schluss des Briefes: *schließlich*

10 b
Am Ende des Nebensatzes steht ein Modalverb (*kann*). Davor steht normalerweise ein Verb im Infinitiv. Es gibt nur eins: *benutzen*

Zur Bewertung

Leseverstehen

	Pro Aufgabe	Gesamt
Teil 1	5 Punkte	25 Punkte
Teil 2	5 Punkte	25 Punkte
Teil 3	2,5 Punkte	25 Punkte

Maximal können Sie hier 75 Punkte bekommen. Das sind 25% der Gesamtpunktzahl.

Sprachbausteine

Für jede korrekte Lösung bekommen Sie einen Punkt. Die Summe wird mit 1,5 multipliziert.

	Pro Aufgabe	Gesamt
Teil 1	maximal 10 (x 1,5) Punkte	15 Punkte
Teil 2	maximal 10 (x 1,5) Punkte	15 Punkte

Die Höchstpunktzahl beträgt somit 30 Punkte. Das sind 10% der Gesamtpunktzahl des Zertifikats Deutsch.

Hörverstehen

Zur Prüfung

Sie sollen drei Prüfungsteile mit unterschiedlich langen Hörtexten bearbeiten. Die Sprecherinnen/Sprecher in den Hörtexten können aus unterschiedlichen deutschsprachigen Regionen kommen (z. B. aus der Schweiz, aus Österreich, aus Berlin oder München), deshalb ist immer wieder ein leichter Akzent hörbar.
Sie können pro Prüfungsteil 25 Punkte bekommen, also insgesamt maximal 75 Punkte. Das sind 25 % der maximal erreichbaren Gesamtpunktzahl.
Der gesamte Prüfungsteil Hörverstehen dauert ca. 30 Minuten.
Danach haben Sie noch 5 Minuten Zeit, die Lösungen im Antwortbogen zu markieren.

	Was wird geprüft?	Textsorte	Aufgabentyp	Zeit
Teil 1	Globales Hören: Hauptaussage herausfinden	Kurze Gesprächsbeiträge	Sie hören 5 kurze Texte zu einem Thema und lesen zu jedem Text einen kurzen Satz. Sie müssen bei jedem Gesprächsbeitrag entscheiden: Wiederholt der Satz in der Aufgabe, was die Sprecherin / der Sprecher gesagt hat? Ja (= richtig / R) oder nein (= falsch / F). Sie hören die Texte nur einmal.	
Teil 2	Detailliertes Hören: Jede Information und jedes Detail kann wichtig sein.	Radiosendung: Interview oder Gespräch	Sie hören einen längeren Text zu einem bestimmten Thema und lesen dazu 10 Sätze. Bei jedem Satz entscheiden Sie: Wurde das im Hörtext so gesagt oder nicht? Ja (= richtig / R) oder nein (= falsch / F). Sie hören diesen Text zweimal.	gesamt max. 30 Min.
Teil 3	Selektives Hören: Nur bestimmte Informationen interessieren Sie.	Kurze Ansagen (z. B. im Kaufhaus, am Bahnhof, Wetterbericht)	Sie hören 5 Texte zu verschiedenen Themen und lesen 5 kurze Sätze. Bei jedem Satz entscheiden Sie: Wiederholt der Satz, was im Hörtext gesagt wurde? Ja (= richtig / R) oder nein (= falsch / F). Sie hören diese Texte zweimal.	

Tipps und Übungen zum Teil *Hörverstehen*

Tipp 1

SICH VERSCHIEDENE HÖRSTRATEGIEN BEWUSST MACHEN

In den drei Prüfungsteilen hören Sie längere und kürzere Texte. Teil 1 wird Ihnen nur einmal auf Kassette vorgespielt, Teil 2 und 3 zweimal. Je nach Text und Aufgabenstellung müssen Sie (fast) alles verstehen oder nur bestimmte Informationen heraushören. Dabei helfen Ihnen drei Hörstrategien.

Globales Hören Welche Meinung / welche Erfahrungen hat eine Person?

Zum Beispiel teilen in einem Interview verschiedene Personen mit, welche Meinung sie zu einem bestimmten Thema haben oder welche Erfahrungen sie zu bestimmten Themen gemacht haben. Beim Zuhören interessiert Sie nur: Was meint eine Person? Was tut sie? Was nicht? Sie wollen hier nicht genau wissen, was die Person im Einzelnen sagt, sondern nur ihre Meinung kennen lernen.

Detailliertes Hören Alle Informationen und Aussagen zu einem Thema können wichtig sein.

Wenn jetzt im Radio zum Beispiel eine Sendung zu dem Thema „Wie bestehe ich die Prüfung Zertifikat Deutsch?“ gesendet würde, dann würden Sie sicher konzentriert zuhören, da Sie keinen Tipp verpassen wollen. Jede einzelne Information kann für Sie interessant sein.

Selektives Hören Nur bestimmte Informationen sind interessant.

Sie sitzen z. B. im Zug nach Zürich, weil sie dort einen dringenden Termin haben. Von den Durchsagen im Zug interessiert Sie nur der Teil, in dem die Wörter „Zürich“, „Verspätung“ oder „zu spät“ genannt werden. Dann hören Sie genau zu. Bei dem Rest der Durchsage hören Sie sicherlich nicht mehr zu, weil Sie das nicht interessiert und Sie noch zu arbeiten haben.

Tipp 2

THEMA DES HÖRTEXTES HERAUSFINDEN

Sie fühlen sich sicherer, wenn Sie bereits vor dem Hören eine Idee vom Thema des Hörtextes haben. Das hilft Ihnen, den Hörtext besser zu verstehen.
In allen drei Prüfungsteilen haben Sie genug Zeit, bereits vor dem Hören, beim Durchlesen der Sätze bzw. Aufgaben, das Thema des Hörtextes zu erkennen. Am Anfang jedes Textes hören Sie außerdem einen kurzen Einleitungssatz, in dem das Thema genannt wird.

Ü 1 Die folgenden Sätze (A–L) könnten Sätze einer Prüfungsaufgabe sein. Entscheiden Sie, welcher Satz zu welchem Hörtext passt, und notieren Sie den Buchstaben in der folgenden Tabelle. Wenn Sie fertig sind, überlegen Sie sich, was das Thema dieser drei Hörtexte sein könnte.

(A) Frau Weiß arbeitet für die Gesellschaft Gehirntraining.

(B) Früher hat die Sprecherin meistens bis zur letzten Minute vor der Prüfung gelernt.

(C) Kavaliere am Steuer nehmen heute wartende Fahrgäste mit.

(D) In der Prüfung Ohrläppchen massieren, dann kommt die Erinnerung zurück.

(E) Die Sprecherin hasste Prüfungen.

(F) Der Bus der Linie 53 fährt heute Vormittag nicht.

(G) Prüfungen liefen bei ihr immer schlecht.

(H) Es gibt einen Streik bei Bussen und Bahnen.

(I) Ganz wichtig: In der Prüfung sollte man Wasser trinken.

(J) An der Uni hat sie gelernt, die Angst vor Prüfungen abzubauen.

(K) Nur wenige Bahnen und Busse fahren noch heute Vormittag.

(L) Ein leerer Kopf in der Prüfung, das muss nicht sein.

Hörtext 1	**Hörtext 3**	**Hörtext 4**
Wichtige Nachrichten:	Eine Expertin wird befragt:	Eine Frau erzählt von ihren persönlichen Erfahrungen:
Thema:	Thema:	Thema:

AUF WIEDERHOLUNGEN ACHTEN

Tipp 3

Bleiben Sie ruhig, auch wenn Sie einmal beim Hören einen Satz nicht verstehen. Hören Sie der Sprecherin / dem Sprecher weiter zu, denn manchmal wird bereits Gesagtes ein bisschen später mit anderen Worten wiederholt.

Ü 2 Lesen Sie den folgenden Satz. Hören Sie dann Hörtext 1 und entscheiden Sie, ob Sie das im Hörtext gehört haben (richtig = R) oder nicht (falsch = F).

Der Bus der Linie 53 fährt heute Vormittag. [R] [F]

Ü 3 Hören Sie den Hörtext 1 noch einmal. Welche Wörter haben Ihnen bei der Lösung geholfen? Notieren Sie diese in Stichworten.

Ü 4 Lesen Sie die Transkription zu Hörtext 1. Vergleichen Sie mit Ihrem Ergebnis. Ergänzen Sie, falls nötig, die Stichworte, die bei der Entscheidung helfen, ob der Satz in Übung 2 richtig oder falsch ist. Markieren Sie mit einem „Wh.", wo die Information wiederholt wird.

Berlin: Streik bei Bussen und Bahnen
Nachdem gestern Abend die Gewerkschaft Öffentlicher Dienst ihre Forderungen nicht durchsetzen konnte, kommt es heute zu einem Warnstreik im Bus- und Bahnverkehr. Folgende Busse und Bahnen verkehren heute zwischen 7 Uhr und 12 Uhr nicht: die Linien 12, 20, 53 und 66. Fahrgäste der Linien 12, 20, 53 und 66 bitte steigen Sie heute Vormittag auf andere Verkehrsmittel um.
Noch ein Appell an unsere Autofahrer: Wenn Sie noch ein Plätzchen in Ihrem Auto frei haben, nehmen Sie doch bitte wartende Fahrgäste an der Haltestelle mit.

Tipp 4

UNBEKANNTE WÖRTER – KEIN PROBLEM

Eigentlich verstehen Sie viel mehr Wörter, als Sie glauben. Sehr oft hilft der Kontext, ein unbekanntes Wort zu verstehen. Denn ein Wort steht nie isoliert im Satz, sondern immer in einem bestimmten Zusammenhang – es ist immer Teil eines Satzes bzw. eines ganzen Textes. Aus diesem Zusammenhang können Sie oft die Bedeutung eines Wortes erschließen.
Machen Sie den Test. Setzen Sie in den folgenden beiden Beispielsätzen das fehlende Wort ein. Wenn Sie es auf Deutsch nicht wissen, dann können Sie auch ein Wort aus Ihrer Sprache einsetzen. Es geht hier nur darum, die Bedeutung zu erraten.

Beispiel 1: Ohne intensive ____________ sollte man nicht in eine Prüfung gehen.

Beispiel 2: Als er den Brief aufmachte und las, dass er die Prüfung ____________ hatte, machte er vor Freude einen Luftsprung.

Ü 5 In Hörtext 2 hören Sie jetzt drei Ausschnitte aus Hörtext 3. Darin werden Tipps für Prüfungen gegeben. An ein paar Stellen können Sie wegen einer Störung die Wörter nicht verstehen. Notieren Sie die nicht zu verstehenden Wörter auf Deutsch oder in Ihrer Muttersprache.

A) ____________ ____________

B) ____________ ____________ ____________

C) ____________

Ü 6 Sicherlich haben Sie ein passendes Verb auf Deutsch oder in Ihrer Muttersprache gefunden. Nachfolgend finden Sie die Verben, die von der Sprecherin in Hörtext 2 tatsächlich benutzt werden. Ordnen Sie zu: In welche Lücke passt welches Verb?

erzielen	unbeantwortet	zu sich nehmen	bewältigen	geschuftet	festgestellt

Ü 7 Hören Sie nun Hörtext 3. Vergleichen Sie mit Ihren Lösungen in Übung 6.

Tipp 5

BESTIMMTE WÖRTER ALS SIGNAL BEACHTEN

Achten Sie beim Hören auf bestimmte Wörter, die Sie bereits in den Aufgaben gelesen bzw. unterstrichen haben. Sobald Sie diese Wörter beim Hören wahrnehmen, müssen Sie sich auf jedes Wort im Text konzentrieren, um die für die Lösung wichtige Information herauszuhören.

Ü 8 Lesen Sie die drei Sätze. Unterstreichen Sie auch im Satz b und c mögliche Signalwörter. Hören Sie dann Hörtext 3 noch einmal. Bei jedem Satz entscheiden Sie: Habe ich das im Hörtext gehört oder nicht?

a)	Es gibt in Prüfungen immer wieder Phasen, in denen man keinen klaren Gedanken fassen kann.	R	F
b)	Trinken Sie in der Prüfung mindestens zweieinhalb Liter Wasser.	R	F
c)	Beim Massieren der Ohren kommt die Erinnerung zurück.	R	F

Hören Sie zur Kontrolle den Hörtext 3 noch einmal. Danach können Sie Ihr Ergebnis mit der Transkription Seite 91 f. vergleichen.

Tipp 6

AUF BESTIMMTE WÖRTER ACHTEN

Manchmal helfen bestimmte Wörter bei der Entscheidung, ob der Satz richtig oder falsch ist. Neben Verben und Nomen sind es Wörter, die

- einen Zeitpunkt ausdrücken: *am Anfang, am Ende, von Anfang an, zum Schluss, zuerst, zuletzt, ...*
- eine Zeitdauer ausdrücken: *oft, immer, nie, manchmal, ab und zu, fast immer, ...*
- eine Menge ausdrücken: *alle, alles, nichts, wenig, viel, fast nichts, ...*

Es können auch Zahlenangaben oder Ortsangaben sein, also Wörter oder Ausdrücke, die sich zwar ähneln können, aber nicht gleich sind.
Nachfolgend finden Sie mögliche Beispiele:

In der Aufgabe steht ...	Im Hörtext heißt es ...	Gleich?	
... fast alles ...	*... eigentlich alles ...*	Ja	
... von Anfang an ...	*... hat 10 Jahre gedauert ...*		Nein
... erledigt so viele Arbeiten ...	*... macht nur ...*		Nein
... mehr Frauen als Männer	*... über 50 Prozent ...*	Ja	

Ü 9 Entscheiden Sie: Welche Sätze sind inhaltlich gleich (= richtig / R)? Welche Sätze unterscheiden sich in einem wichtigen Detail (= falsch / F)?
Überlegen Sie sich: Welches wichtige Detail hilft Ihnen bei der Entscheidung? Unterstreichen Sie dieses Detail.

	In der Aufgabe steht ...	Im Hörtext heißt es ...		
1.	In der Prüfung wurde fast alles gefragt, was sie vorher wochenlang gelernt hatte.	*In der Prüfung wusste ich ein Drittel der Fragen nicht. Das war Pech.*	R	F
2.	Kurz vor der Prüfung lernt sie keinen neuen Stoff mehr, sondern wiederholt nur noch bisher Gelerntes.	*Heute höre ich meistens zwei bis drei Tage vorher auf, neuen Stoff dazuzulernen, und wiederhole nur noch das Gelernte.*	R	F
3.	In der Schulzeit waren ihre Noten häufig schlecht.	*Früher hatte ich in den Prüfungen nur selten eine bessere Note als 4.*	R	F
4.	Sie muss so viel lernen, vor 11 Uhr ist sie fast nie im Bett.	*Ich gehe jetzt zum Beispiel am Abend vorher spätestens um 11 Uhr ins Bett.*	R	F
5.	Sie hat bis zur letzten Minute vor der Prüfung gelernt.	*Noch in der U-Bahn zur Schule hatte ich das Buch zum Lernen in der Hand.*	R	F
6.	Seit dem Seminar besteht sie mehr als die Hälfte der Prüfungen mit einem guten Ergebnis.	*In den letzten Jahren habe ich über 50 % meiner Prüfungen ohne Probleme bestanden.*	R	F

Ü 10 Lesen Sie zuerst die Sätze a) und b). Hören Sie dann Hörtext 4 und entscheiden Sie, ob Sie das gehört haben oder nicht.

a) Die Sprecherin hatte noch nie Probleme mit Prüfungen. R F

b) Im 1. Semester hat sie in einem Seminar gelernt, wie man sich richtig auf eine Prüfung vorbereitet. R F

Tipp

HÖRSTRATEGIEN BENUTZEN

Beim Hören müssen Sie nicht jedes Wort verstehen. Wenn man eine Sprache lernt, will man oft jedes Wort verstehen. Überlegen Sie sich einmal, wie Sie Radio in Ihrer Muttersprache hören. Nur wenn Sie das Thema interessiert, hören Sie genauer zu.
In der Prüfung ist das genauso: In zwei Teilen der Prüfung brauchen Sie nicht jedes Wort zu verstehen, weil Sie nur bestimmte Informationen interessieren (siehe dazu auch Hörstrategien auf Seite 40).

Ü 11 Es ist 7 Uhr früh, der Morgen der Prüfung. Sie hören Radio. Hören Sie noch einmal Hörtext 1, 3 und 4 an. Wie intensiv hören Sie diese drei Sendungen? Überlegen Sie: Welche Hörstrategie habe ich bei welchem Text benutzt?

Hörtext 1	Hörtext 3	Hörtext 4

Hörverstehen Teil 1: Fünf Gesprächsbeiträge

Zur Prüfung

Sie hören von 5 verschiedenen Personen kurze Gesprächsbeiträge zu einem Thema. Zu jeder Person finden Sie auf dem Aufgabenblatt einen Satz, der die Hauptaussage dieser Person wiedergeben soll. Sie müssen entscheiden: Hat sie/er das gesagt? Wenn ja, markieren Sie [R]= richtig, wenn nein [F] = falsch. Sie hören die fünf Gesprächsbeiträge nur einmal.
Vor und nach den einzelnen Gesprächsbeiträgen gibt es immer ein paar Sekunden Pause.

An österreichischen Prüfungsinstitutionen kann statt der 5 Sätze auch eine Tabelle stehen:
In der Spalte oben stehen die fünf Sprecher/Sprecherinnen und links die fünf Aussagen. Sie kreuzen an, welche Sprecherin / welcher Sprecher welche Aussage macht.

Lösungsweg

Schritt 1: Lesen Sie die fünf Sätze auf dem Aufgabenblatt. Unterstreichen Sie wichtige Wörter.

Sie haben dafür 30 Sekunden Zeit. Sobald Sie wissen, über welches Thema gesprochen wird, überlegen Sie sich kurz, was Sie zu dem Thema wissen.

▼

Schritt 2: Achten Sie auf die einleitenden Sätze zum Hörtext.

Hören Sie sofort mit dem Lesen auf, wenn der Hörtext beginnt. Sonst verpassen Sie etwas Wichtiges. Denn gleich zu Anfang wird das Gesprächsthema genannt.

▼

Schritt 3: Wenn der erste Gesprächsbeitrag angekündigt wird, schauen Sie noch einmal kurz auf den ersten Satz.
Achten Sie beim Hören auf wichtige Wörter aus der Aufgabe.

Jeder Gesprächsbeitrag wird nur einmal vorgespielt. Hören Sie von Anfang bis Ende konzentriert zu.
Beim Vergleich von Hörtext und Satz können manchmal Fragen helfen wie:

- Wer spricht? Über wen wird gesprochen?
- Wann, wie oft oder wie lange tut sie/er etwas?
- Wie viel tut sie/er?
- ...

▼

Schritt 4: Entscheiden Sie: Habe ich das so gehört? Ist der Satz richtig oder falsch?

Achten Sie auf Wiederholungen im Hörtext, denn Sie hören die einzelnen Gesprächsbeiträge nur einmal. Oft sagt die Sprecherin / der Sprecher mehr als einmal ihre / seine Meinung.

Nicht vergessen: Immer ein Kreuz machen, nutzen Sie Ihre 50%-Chance, das Richtige anzukreuzen.

Gehen Sie bei den anderen vier Gesprächsbeiträgen genauso vor.
Zwischen den einzelnen Gesprächsbeiträgen haben Sie noch einmal 15 Sekunden Zeit, um die Antwort zu markieren und den Satz des nächsten Gesprächsbeitrages zu lesen.

Prüfungsbeispiel mit Kommentar zur Lösung

Lesen Sie die Sätze in den Aufgaben (1 bis 5) durch. Hören Sie den Hörtext 5 einmal. Vergleichen Sie jeden einzelnen Satz mit dem Gehörten und stellen Sie fest: Habe ich das im Text gehört oder nicht? Wenn ja, markieren Sie [R] = richtig, wenn nein, markieren Sie [F] = falsch. Gehen Sie nach dem Lösungsweg (Schritt 1 bis 4) vor.

Aufgaben

1. Die Sprecherin will ihren Kindern, sobald sie 16 sind, ein Handy kaufen.	[R]	[F]
2. Die Sprecherin findet Handys gut, weil man immer angerufen werden kann.	[R]	[F]
3. Die Sprecherin hält wenig von Handys für Kinder.	[R]	[F]
4. Viele Eltern kaufen, ohne groß nachzudenken, ihren Kindern ein Handy.	[R]	[F]
5. Der Sprecher findet Handys für ältere Kinder sinnvoll.	[R]	[F]

Vergleichen Sie Ihre Lösung mit dem folgenden Kommentar zur Lösung.

Lösungsschlüssel

Schritt 1 Thema ist sicherlich „Handys für Kinder?". In den Sätzen tauchen die Stichworte „Handy, Kinder, gut, sinnvoll, ..." auf.

Schritt 2 In der Einleitung wird das Thema genannt: „Was denken Sie / denkst du darüber: Sollten auch Kinder schon Handys haben?"

Aufgabe 1

	In der Aufgabe steht:	Im Hörtext heißt es:
Schritt 3	Die Sprecherin will ihren Kindern, sobald sie 16 sind, ein Handy kaufen.	*... meinen Kindern kein Handy kaufen ... die mit 15 oder 16 abends ausgehen ... Meine Kinder bekommen von mir nie ein Handy ... müssen sie es sich selber kaufen ...*

Schritt 4 Der Satz ist **falsch**. „... will ihren Kindern ... ein Handy kaufen." Ist nicht identisch mit ... *kein Handy kaufen ... bekommen von mir nie ein Handy.*

Zu den weiteren Aufgaben (2–5) finden Sie die Kommentare zur Lösung im Lösungsschlüssel S. 108. Wenn Sie alle Aufgaben mit dem Lösungsschlüssel verglichen haben, hören Sie den Hörtext 5 zur Kontrolle noch einmal. (Siehe auch Transkription Seite 93 f.)

Hörverstehen Teil 2: Interview oder Gespräch

Zur Prüfung

Sie hören im Radio ein längeres Interview oder Gespräch zwischen zwei Personen, die sich zu einem bestimmten Thema unterhalten. Sie hören den Text zweimal.
Zu dem Hörtext bekommen Sie 10 Sätze. Die Sätze stehen immer in der Reihenfolge des Hörtextes. Sie müssen dann entscheiden: Hat die Sprecherin / der Sprecher in dem Hörtext das gesagt oder nicht? Wenn ja, markieren Sie [R] = richtig, wenn nein, [F] = falsch.
Zwischen dem ersten und zweiten Hören gibt es eine Minute Pause.

Lösungsweg

Schritt 1: Lesen Sie die Sätze auf dem Aufgabenblatt. Sie haben dafür eine Minute Zeit. Unterstreichen Sie wichtige Wörter.

So kennen Sie bereits vor dem Hören das Thema des Textes. Beim Hören können Sie dann unbekannte Wörter aus dem Kontext besser erschließen.
Wichtige Wörter können eine Menge (*mehr, einige, wenige,* etc.), einen Zeitpunkt oder Zeitraum (*von Anfang an, jedes Jahr,* etc.) bezeichnen. Manchmal (aber nicht immer) helfen gerade diese Wörter bei der Entscheidung, ob der Satz richtig oder falsch ist.

▼

Schritt 2: Achten Sie auf die ersten Worte der Moderatorin / des Moderators am Anfang des Hörtextes.

Hören Sie sofort mit dem Lesen auf, wenn der Hörtext beginnt. Sonst verpassen Sie gleich zu Anfang etwas Wichtiges: das Thema und die Vorstellung der Gesprächsteilnehmerinnen/Gesprächsteilnehmer.

▼

Schritt 3: Vergleichen Sie den Inhalt der Sätze mit dem, was im Hörtext gesagt wird, und entscheiden Sie, ob der Satz richtig oder falsch ist.

Die Sätze folgen immer der Reihenfolge des Hörtextes.
Wichtig: Denken Sie beim Hören nicht zu lange über eine Aufgabe nach, sonst verpassen Sie vielleicht wichtige Informationen, die folgen.
Machen Sie beim Hören immer dann ein Fragezeichen „?" an den Rand der Aufgabe, wenn Sie sich nicht sicher sind.

▼

Schritt 4: Vor dem zweiten Hören gibt es eine Pause von einer Minute. Schauen Sie sich die Sätze und Ihre Lösungen noch einmal an.

Wenn nötig, unterstreichen Sie vor dem zweiten Hören weitere Wörter, die Ihnen bei der richtigen Lösung helfen könnten.

▼

Schritt 5: Korrigieren und ergänzen Sie Ihre Lösungen beim zweiten Hören.

Konzentrieren Sie sich vor allem auf die Stellen, an denen Sie beim ersten Hören unsicher waren.
Kreuzen Sie am Ende auf jeden Fall eine Lösung an, denn eine falsche Antwort bringt keinen Punktabzug.

Prüfungsbeispiel mit Kommentar zur Lösung

Lesen Sie die Sätze in den Aufgaben (1 bis 10) durch. Hören Sie den Hörtext 6 zweimal. Vergleichen Sie Satz und Hörtext und entscheiden Sie: Habe ich das im Text gehört oder nicht? Wenn ja, markieren Sie [R] = richtig, wenn nein, markieren Sie [F] = falsch. Gehen Sie nach dem Lösungsweg (Schritt 1 bis 5) vor.

Aufgaben

		R	F
1.	Bei schlechtem Wetter träumen fast alle Schweizer von Sonne und Meer.	R	F
2.	Der Moderator unterhält sich mit der Chefin eines Last-Minute-Reisebüros.	R	F
3.	Frau Kampeli arbeitete 10 Jahre lang für einen Verlag.	R	F
4.	Frau Kampeli arbeitet lieber allein am Schreibtisch.	R	F
5.	Frau Kampeli kann ihren Kunden alle Wünsche erfüllen.	R	F
6.	Von zufriedenen Kunden bekommt Frau Kampeli auch mal etwas geschenkt.	R	F
7.	Das Buchen kurz vor Reisebeginn ist immer gefragter.	R	F
8.	Bei 120 Reiseveranstaltern und Fluggesellschaften kann man Last-Minute-Angebote buchen.	R	F
9.	Last-Minute-Angebote können zwei Wochen vor Reisebeginn gebucht werden.	R	F
10.	Häufig buchen Kunden erst wenige Minuten vor Abflug ihrer Reise.	R	F

Vergleichen Sie Ihre Lösung mit dem folgenden Kommentar zur Lösung.

Schritt 1/2

In den Aufgaben findet man: „Last-Minute-Reisebüro", „zwei Wochen vor Reisebeginn gebucht". Also geht es um das Thema „Reisen" bzw. „Last-Minute-Flüge" und wie man an solche Reisen kommt.
Der Moderator gibt weitere Hinweise zum Thema: *Palmen, blaues Meer, Leiterin eines Last-Minute-Reisebüros.*

Aufgabe 1:

Schritt 3/4

In der Aufgabe steht:	Im Hörtext heißt es:
Bei schlechtem Wetter träumen fast alle Schweizer von Sonne und Meer.	*Geht es Ihnen nicht genauso wie einem Viertel aller Schweizer? Denken Sie in solchen Zeiten nicht auch manchmal an den Süden, …*

Schritt 5

Der Satz ist **falsch**: „fast alle Schweizer" ist nicht identisch mit *ein Viertel aller Schweizer.*

Zu den weiteren Aufgaben (2–10) finden Sie die Kommentare zur Lösung im Lösungsschlüssel Seite 108 f.
Wenn Sie alle Aufgaben mit dem Lösungsschlüssel verglichen haben, hören Sie den Hörtext 6 zur Kontrolle noch einmal. (Siehe auch Transkription Seite 94 f.)

Hörverstehen Teil 3: Kurze Durchsagen und Ansagen

Zur Prüfung

Sie hören fünf kurze Texte, z. B. eine Durchsage im Zug, am Bahnhof, im Kaufhaus, eine Ansage auf dem automatischen Anrufbeantworter, einen Wetterbericht aus dem Radio. Sie hören jeden Text zweimal. Zwischen dem ersten und zweiten Hören gibt es ein paar Sekunden Pause.
Zu jedem Text gibt es einen Satz. Sie müssen nun entscheiden: Habe ich das im Hörtext gehört oder nicht? Wenn ja, markieren Sie [R] = richtig, wenn nein, [F] = falsch.

Lösungsweg

Schritt 1: Lesen Sie den Satz zur ersten Aufgabe und unterstreichen Sie die wichtigsten Informationen.

Sie haben dafür fünf Sekunden Zeit. Unterstreichen Sie zum Beispiel Wörter, die die Fragen *Wann? Wo? Wie? Was? Wie viel?* beantworten.
Beim Hören wissen Sie dann schon, worauf Sie besonders achten müssen.

▼

Schritt 2: Achten Sie auf den einleitenden Satz am Anfang des Hörtextes.

Hören Sie sofort mit dem Lesen auf, wenn der Hörtext beginnt. Denn zu Anfang wird Ihnen kurz die Situation vorgestellt: Sie erfahren, um welche Art von Ansage es sich handelt, z.B. eine Ansage am Telefon oder eine Durchsage im Zug usw.

▼

Schritt 3: Vergleichen Sie den Inhalt des Satzes mit dem, was im Hörtext gesagt wird, und entscheiden Sie, ob der Satz richtig oder falsch ist.

Achten Sie darauf, dass im Hörtext nicht immer genau die gleichen Wörter wie in der Aufgabe auftauchen. Es können auch Synonyme und Umschreibungen zu hören sein. Machen Sie beim Hören immer dann ein Fragezeichen „?“ an den Rand der Aufgabe, wenn Sie sich nicht sicher sind.

▼

Schritt 4: Vor dem zweiten Hören haben Sie sechs Sekunden Pause. Schauen Sie sich alle Sätze und Ihre Lösungen noch einmal an.

Wenn nötig, unterstreichen Sie vor dem zweiten Hören weitere Wörter, die Ihnen bei der richtigen Lösung helfen könnten.

Gehen Sie in den anderen vier Kurztexten genauso vor.
Zwischen den einzelnen Durchsagen/Ansagen haben Sie noch einmal fünf Sekunden Zeit, um den Satz der nächsten Durchsage/Ansage zu lesen.

Prüfungsbeispiel mit Kommentar zur Lösung

Sie hören jetzt 5 kurze Texte (Hörtext 7). Sie hören jeden Text zweimal. Dazu sollen Sie 5 Aufgaben lösen. Bei jeder Aufgabe sollen Sie feststellen: Habe ich das im Text gehört oder nicht? Wenn ja, markieren Sie beim ersten Hören oder danach bei den Aufgaben 1 bis 5 [R] = richtig, wenn nein, [F] = falsch.
Vor dem Hören jedes einzelnen kurzen Textes lesen Sie den dazugehörigen Satz durch.
Gehen Sie nach dem Lösungsweg (Schritt 1 bis 4) vor.

Aufgaben

1. Das Flugzeug hat Verspätung. [R] [F]
2. Im Zugrestaurant kostet das Wiener Schnitzel 8,90 EUR. [R] [F]
3. Der Arzt ist im Urlaub. [R] [F]
4. Auch die Universität Potsdam hilft bei Fragen zur Grammatik weiter. [R] [F]
5. Heute Abend wird es in Hamburg ein bisschen wärmer. [R] [F]

Vergleichen Sie Ihre Lösung mit dem folgenden Kommentar zur Lösung.

Aufgabc 1

Schritt 1	Das Flugzeug hat Verspätung.
Schritt 2	Sie sitzen im Flugzeug nach Bangkok und hören folgende Durchsage.
Schritt 3/4	Im Hörtext heißt es: *Leider können wir noch nicht starten, weil sich wegen des schlechten Wetters und der schlechten Sicht der Abflug um 30 Minuten verschiebt. Das heißt, die geplante neue Abflugszeit ist um 15 Uhr 45.* Der Satz ist **richtig:** „Verspätung“ ist identisch mit ... *sich ... der Abflug um 30 Minuten verschiebt.*

Zu den weiteren Aufgaben (2–5) finden Sie die Kommentare zur Lösung im Lösungsschlüssel Seite 109. Wenn Sie alle Aufgaben mit dem Lösungsschlüssel verglichen haben, hören Sie den Hörtext 7 zur Kontrolle noch einmal. (Siehe auch Transkription Seite 96 f.)

Allgemeine Tipps zur Prüfung

Problem	Tipp
1. Ich darf nicht vergessen, dass am Schluss die Antworten auf dem Antwortbogen markiert sein müssen.	Am Ende des Prüfungsteils *Hörverstehen* haben Sie fünf Minuten Zeit, die Antworten in den Antwortbogen zu übertragen. Wichtig: Bewertet und korrigiert wird nur das, was auf dem Antwortbogen steht. Achten Sie also darauf, dass Sie am Ende des Teils Hörverstehen alle Antworten markiert haben.
2. Kurz vor Schluss der Prüfung habe ich zu einigen Aufgaben die richtige Lösung noch nicht gefunden.	Kreuzen Sie immer eine Lösung an, denn für Falschantworten bekommen Sie generell keinen Minuspunkt. Es ist also besser, irgendeine Lösung, als keine anzukreuzen.

Hilfreiche Hinweise zum Schluss

Hören Sie so oft wie möglich gesprochenes Deutsch, z. B.

- Hören Sie Radio, sehen Sie fern (auch im Ausland kann man deutsche Sender per Satellit empfangen). Vielleicht haben Sie auch die Möglichkeit, deutschsprachige Filme im Original zu sehen.
- Hören Sie die Nachrichten im Laufe eines Tages mehrmals oder nehmen Sie sich die Sendungen auf Kassette auf. Denken Sie sich vor dem Hören eigene Aufgaben aus, zum Beispiel:
  Was ist das Thema? / Woher kommt die Nachricht? / Über wen oder worüber wird hier geredet? / Wann ist das passiert?
  Versuchen Sie die Bedeutung unbekannter Wörter zu erschließen.
  Achten Sie auf Wiederholungen.
- Mittlerweile kann man auch schon online per Internet Radio hören. Hier ein paar Radio-Internet-Adressen: *www.br.de* oder *www.sr2.ch* oder *www.orf.at* oder *www.dwelle.de*
- Besorgen Sie sich die Kassetten zu Ihrem Lehrwerk und hören Sie sie noch einmal an.
- Leihen Sie sich in der Mediothek/Bibliothek Ihrer Schule oder im Goethe-Institut (auch im Ausland) Kassetten aus, die das Hörverstehen trainieren.

Zur Bewertung

		Pro Aufgabe	Gesamt
Hörverstehen	Teil 1, 2	5 Punkte	50 Punkte
	Teil 3	2,5 Punkte	25 Punkte

Maximal können Sie hier 75 Punkte bekommen. Die Bestehensgrenze liegt bei 60% = 45 Punkte.

Schriftlicher Ausdruck

Zur Prüfung

In diesem Prüfungsteil sollen Sie einen **persönlichen** oder einen **halbformellen** Brief schreiben. Als Schreibimpuls gibt es eine Situation, eine Postkarte, einen Brief etc., auf die Sie schriftlich reagieren sollen. Als Hilfe für diesen Antwortbrief bekommen Sie vier Leitpunkte. Diese vier Leitpunkte sollen Sie in eine logische Reihenfolge bringen und zu jedem Punkt zwei Sätze (oder auch mehr) schreiben. Außerdem sollen Sie zu Beginn und am Ende des Briefes je einen oder zwei zur Situation passende Einleitungs- und Schlusssätze schreiben.
Vom Prüfer bekommen Sie den Prüfungsbogen zum Teil *Schriftlicher Ausdruck* sowie Konzeptpapier. Achten Sie auf die Zeit, falls Sie den Brief zuerst auf dem Konzeptpapier schreiben. Dann brauchen Sie am Ende 5–10 Minuten, um ihn auf den Prüfungsbogen zu übertragen. Für diesen Teil der Prüfung haben Sie **30 Minuten** Zeit, und Sie bekommen maximal **45 Punkte.** Das sind 15% der Gesamtpunktzahl.

Wichtige Informationen zum Teil *Schriftlicher Ausdruck*

Vor dem Schreiben

Lesen Sie die Aufgabenstellung zuerst **genau** durch. Wie ist die Situation? Wer schreibt? Was möchte er/sie von Ihnen? Welche Beziehung haben Sie zu dieser Person, d.h. müssen Sie den Brief in der Sie- oder Du-Form schreiben?
Wenn Sie ein Wort nicht genau verstehen, überlegen Sie, was es im gesamten Kontext des Themas bedeuten könnte. (vgl. Tipp 4 und 5 *Leseverstehen* auf S. 13, 15)

Beim Schreiben

Schreiben Sie zuerst Ort und Datum, wählen Sie eine adäquate Anrede- und Schlussformel und formulieren Sie die Einleitungs- und Schlusssätze. Bringen Sie nun die vier Leitpunkte in eine logische Reihenfolge und schreiben Sie zu jedem der Leitpunkte ca. zwei Sätze. Achten Sie darauf, dass Sie nicht nur einzelne Hauptsätze aneinander reihen, sondern die Sätze auch gut miteinander verbinden. Hilfen dazu finden Sie in Tipp 1 und 2 auf S. 57 und 62.

Kontrolle am Ende

- Haben Sie die passende Anredeform gewählt (Du- oder Sie-Form)?
- Haben Sie alle Anredepronomina (*Du, Sie, Ihnen, Ihr/e)* großgeschrieben?
- Haben Sie Ort und Datum nicht vergessen?
- Sind die Anrede- und Schlussformeln korrekt?
- Haben Sie die Einleitungs- und Schlusssätze nicht vergessen?
- Haben Sie zu **allen** vier Punkten etwas geschrieben?
- Kontrollieren Sie die Verbposition in den Hauptsätzen (=Verb in 2. Position/in 2. Position und am Ende) und Nebensätzen (=Verb am Ende).
- Haben Sie nach der Anrede das Komma nicht vergessen und das erste Wort des Briefes kleingeschrieben? (Vgl. Seite 53)

Briefformen

Persönlicher Brief

a) **Schema und Anrede**
An gute Freunde schreibt man immer in der Du-Form. An Kollegen und weniger gute Freunde oder Bekannte ist beides möglich (*Du* oder *Sie*), auch wenn Sie die Person mit dem Vornamen ansprechen. Es hängt davon ab, wie viel Distanz man zu dieser Person hat.

Im persönlichen Brief ist folgendes Schema üblich.

Ort, Datum
Berlin, 18. 3. 20__ /
Berlin, 18. März 20__ /
Berlin, den 18. 3. 20__

Anrede
Liebe Maria, /
Lieber Peter, /
Liebe Maria, lieber Peter, /
Liebe Frau Müller, /
Lieber Herr Müller, /
Liebe Familie Müller,

Einleitungssatz
*vielen Dank für ...

Brieftext
...

Schlusssatz
...

Gruß
Viele Grüße/
Herzliche Grüße

Unterschrift
Anna/
Robert Berger/
...

* Brieftext mit kleinem Anfangsbuchstaben beginnen, da nach der Anrede ein Komma steht.

b) Redemittel: Anfang und Schluss

Anfang

Liebe Maria, .../ Liebe Frau Müller, ...

vielen Dank für Deinen/Ihren Brief. Ich habe mich sehr darüber gefreut./

entschuldige(n Sie) bitte, dass ich erst jetzt auf Deinen/Ihren Brief antworte, aber ich war in der letzten Zeit sehr beschäftigt./

wie geht es Dir/Ihnen? Mir geht es (nicht so) gut, weil .../

es freut mich sehr zu hören, dass .../

ich wollte Dir/Ihnen schon lange schreiben, aber es ist leider immer etwas dazwischengekommen./

endlich habe ich ein bisschen Zeit und Ruhe gefunden, um Dir/Ihnen zu schreiben/zu antworten.

Schluss

Wie geht es Deiner/Ihrer Familie?/

Ich würde mich freuen, bald wieder von Dir/Ihnen zu hören./

Antworte(n Sie) mir bitte bald./

Ich warte auf einen Brief von Dir/Ihnen./

Ich hoffe, bald von Dir/Ihnen zu hören./

Grüß(en Sie) bitte ... ganz herzlich von mir.

Halbformeller Brief

a) **Schema und Anrede**
Im halbformellen Brief ist nur die Sie-Form möglich. Achten Sie darauf, dass außer *Sie* auch *Ihnen, Ihr/e* im Brief großgeschrieben werden! *(Wie geht es Ihnen?)*

Im halbformellen Brief ist folgendes Schema üblich:

Ort, Datum	Firenze, 18. 3. 20__ / Firenze, 18. März 20__ / Firenze, den 18. 3. 20__
Anrede	Sehr geehrte Frau Müller, / Sehr geehrter Herr Müller,
Einleitungssatz	*vielen Dank für Ihre/n ...
Brieftext	...
Schlusssatz	...
Gruß	Mit freundlichen Grüßen
Unterschrift	Maria Giotti/ ...

* Brieftext mit kleinem Anfangsbuchstaben beginnen, da nach der Anrede ein Komma steht.

b) **Redemittel: Anfang und Schluss**

Anfang

Sehr geehrte/r ...,

vielen Dank für Ihren Brief / Ihre Postkarte. Ich habe mich sehr darüber gefreut./
ich habe mich sehr über Ihren Brief gefreut. Vielen Dank!/
vielen Dank für Ihre Einladung. Gerne ... / Leider ...

Schluss

Ich würde mich freuen, bald von Ihnen zu hören./
Ich wäre Ihnen sehr dankbar, wenn Sie mir bald antworten würden./
Im Voraus vielen Dank für Ihre Mühe./
Herzlichen Dank im Voraus.

Prüfungsbeispiele

Im Folgenden bekommen Sie vier Aufgabenbeispiele zum Brief, wie Sie sie auch in der Prüfung bekommen könnten.
Die ersten drei Briefe müssen Sie noch nicht allein schreiben. Anhand von Vorgaben und entsprechenden Tipps und Übungen zeigen wir Ihnen, was Sie beim Schreiben eines Briefes beachten sollten. Den Brief zur letzten Aufgabe müssen Sie dann selbst formulieren.

Prüfungsbeispiel 1: Halbformeller Brief

Sie möchten einen Feriensprachkurs in Berlin besuchen und suchen für diese Zeit noch ein Zimmer. Deshalb haben Sie an einen Freund geschrieben, der vor einem Jahr einen Sprachkurs in Berlin gemacht hat, und ihn um Informationen gebeten. Er hat Ihnen gleich geantwortet:

London, 18. 3. 20__

Lieber Paul,

vielen Dank für Dein Fax. Ich finde es toll, dass Du im Sommer nach Deutschland fahren möchtest, um Dein Deutsch zu verbessern. Es hilft wirklich viel, wenn man ein paar Wochen nur Deutsch hört, liest und spricht.
Am besten ist es meiner Meinung nach, wenn Du in einer deutschen Familie lebst, weil Du da die meisten Möglichkeiten hast viel zu sprechen. Deshalb schicke ich Dir die Adresse von der Familie, bei der ich gewohnt habe. (Familie Dietrich, Kantstr. 33, 10234 Berlin) Sie waren sehr nett und hilfsbereit und haben zwei Kinder im Alter von 18 und 20 Jahren, mit denen ich viel zusammen war. Wir hatten so viel Spaß miteinander!
Schreib ihnen doch möglichst bald. Vielleicht hast Du Glück und sie vermieten das Zimmer auch diesen Sommer.
Ich würde mich sehr freuen, bald wieder von Dir zu hören.

Viele Grüße auch an Deine Eltern

Tom

Schreiben Sie an die Familie einen Brief zu folgenden Punkten:

- wie viel das Zimmer kostet
- Informationen zu Ihrer Person
- ob es im Juli und August frei ist
- ob es möglich ist, dass Sie auch bei der Familie essen können

Bringen Sie die vier Punkte in eine sinnvolle Reihenfolge und finden Sie einen passenden Einleitungs- und Schlusssatz.

Tipp 1

SATZVERBINDUNGEN BEACHTEN

Beim Schreiben des Briefes ist es sehr wichtig, dass Sie nicht nur einzelne Sätze aneinander reihen, sondern die Sätze gut miteinander verbinden.

Denken Sie daran: **An der ersten Position im Satz steht ein Element, das diesen Satz mit dem Text davor verbindet.**
Dies kann ein- oder zweimal pro Brief das Subjekt sein. Aber vermeiden Sie unbedingt, zu viele Sätze mit dem Subjekt zu beginnen, denn das gibt Ihrem Brief einen eintönigen, langweiligen Charakter.

Beispiel

schlecht: Ich habe gestern die Kunsthalle besichtigt. Ich habe einen langen Spaziergang gemacht.

besser: Gestern habe ich die Kunsthalle besichtigt. Dann/Danach habe ich noch einen langen Spaziergang gemacht.

Gut an der ersten Position sind auch:
- lokale Angaben *(hier, dort, in Paris, in meinem Land …)*
- temporale Angaben *(gestern, letztes Jahr, im Sommer, nächsten Monat, dann, danach …)*
- Adverbien *(natürlich, leider, gern, selbstverständlich, außerdem, deshalb …)*.

Sie könnten auch mal einen oder zwei Sätze mit dem Nebensatz beginnen.

Beispiel

schlecht: Ich möchte unbedingt noch einen Sprachkurs in Deutschland machen, obwohl es viel Geld kostet. Ich …

besser: Obwohl es viel Geld kostet, möchte ich unbedingt noch einen Sprachkurs in Deutschland machen. Ich …

(**Achtung:** Wenn Sie mit dem Nebensatz beginnen, folgt nach dem Komma gleich das Verb!)

All dies macht Ihren Brief lebendiger und variationsreicher.

Ü 1 Sätze verbinden

Auf der folgenden Seite finden Sie ein Negativbeispiel, d.h. einen eintönigen Brief aus unverbundenen Sätzen.
Lesen Sie den Brief und schreiben Sie ihn neu, indem Sie die Sätze mit den rechts angegebenen Elementen verbinden. Achten Sie auch auf die veränderte Verbstellung!

London, den 29. 3. 20__

Sehr geehrte Familie Dietrich,

mein Name ist Paul Newton. Ich bin 19 Jahre alt. Ich studiere Deutsch an einem College in London und möchte im Juli und August einen Feriensprachkurs in Berlin machen. — und/im Moment

Mein Freund Tom hat bei Ihnen gewohnt, als er in Berlin war. Es hat ihm sehr gut bei Ihnen gefallen. Ich wollte fragen, ob Sie im Juli und August das Zimmer wieder vermieten und ob es noch frei ist. — letztes Jahr / deshalb

Ich möchte auch wissen, was es kostet. Ich habe vergessen, Tom nach dem Preis zu fragen. — natürlich/denn

Ich habe noch eine Frage. Wäre es auch möglich, dass ich bei Ihnen Frühstück und Abendessen bekommen könnte? Ich bin nicht so reich, dass ich jeden Tag in einem Restaurant essen kann. Ich würde das extra bezahlen. — zum Schluss / leider / selbstverständlich

Ich wäre Ihnen sehr dankbar, wenn Sie mir bald antworten würden. Herzlichen Dank im Voraus.

Mit freundlichen Grüßen

Paul Newton

London, den 29. 3. 20__

Sehr geehrte Familie Dietrich,

mein Name ist Paul Newton und ich bin 19 Jahre alt. Im Moment studiere ich Deutsch an einem College in London und ...

Prüfungsbeispiel 2: Halbformeller und persönlicher Brief

AUFGABE

Sie haben Ihren Urlaub mit Ihrer Familie in einem Hotel in Travemünde an der Ostsee verbracht. Leider war es kein schöner Urlaub, da Sie mit dem Hotel sehr unzufrieden waren. Es lag zu weit außerhalb der Stadt und an einer lauten Straße. Die Möbel in den Zimmern waren alt und zum Teil schmutzig; auch das Essen und der Service waren schlecht, und aus einer Diskothek hörte man bis frühmorgens laute Musik.

Aufgabe a:
Schreiben Sie einen Beschwerdebrief an Herrn Berger, den Inhaber des Reisebüros, das Ihnen dieses Hotel vermittelt hat, und nehmen Sie zu folgenden Punkten Stellung:

- nächtliche Lärmbelästigung
- Einrichtung der Zimmer
- Essen und Service
- Lage des Hotels

Aufgabe b:
Schreiben Sie einen Brief an Ihre Freundin Anna, die in vier Monaten ebenfalls in diesem Hotel Urlaub machen möchte. Erklären Sie ihr, warum Sie ihr dieses Hotel auf keinen Fall empfehlen können. Schreiben Sie etwas zu den oben genannten Punkten.

Ü 2 Ausdruck im halbformellen und im persönlichen Brief

Diese Übung soll Sie für die unterschiedliche Ausdrucksweise in einem persönlichen Brief und einem halbformellen/formellen Brief sensibilisieren.

Schritt 1 Nehmen Sie zwei Blätter, das eine für Aufgabe a und das andere für Aufgabe b. Lesen Sie die folgenden 19 Sätze und ordnen Sie sie Aufgabe a oder Aufgabe b zu. Welche Sätze passen in einen Beschwerdebrief an ein Reisebüro (Aufgabe a)? Welche passen in den Brief an eine Freundin (Aufgabe b)? Einige Sätze passen in beide Briefe und Sie können sie zweimal benutzen.

1 Da sich im Keller des Hotels eine Diskothek befand, aus der bis morgens um 3 Uhr Technomusik zu hören war, konnten wir immer erst in den Morgenstunden einschlafen.

2 Viele Grüße

3 Sehr geehrter Herr Berger,

4 Leider war das Hotel sehr schlecht.

5 Deshalb war man immer auf das Auto angewiesen, wenn man in die Stadt fahren wollte.

6 Vor zwei Wochen sind wir aus unserem Urlaub in Travemünde zurückgekommen.

7 Wie geht es Dir? Wie Du weißt, sind wir vor zwei Wochen aus unserem Urlaub in Travemünde zurückgekommen.

8 Für uns gehören jedoch zu einem erholsamen Urlaub unbedingt ruhige Nächte.

9 Wie Sie wissen, buchen wir seit vielen Jahren unsere Urlaubsreisen bei Ihnen und waren bisher stets zufrieden.

10 Liebe Anna,

11 Bei unserer letzten Reise nach Travemünde war das Hotel allerdings sehr schlecht, obwohl Sie uns ein First-Class-Hotel versprochen hatten.

12 Gleich bei der Ankunft stellten wir fest, dass das Hotel zwar direkt am Strand lag, aber wir einen langen Weg in die Stadt hatten.

13 In den Zimmern gab es nur sehr alte Möbel, die zum Teil schon sehr beschädigt waren.

14 Wir wünschen Dir, dass Du in Deinem Urlaub mehr Glück mit dem Hotel hast als wir!

15 Da Du in demselben Hotel Deinen Sommerurlaub verbringen wolltest, raten wir Dir, unbedingt ein anderes zu buchen.

16 Sehr gestört hat uns auch, dass das Essen schlecht und die Angestellten des Hotels ziemlich unfreundlich waren.

17 Es gab auch nicht in jedem Zimmer einen kleinen Kühlschrank und einen Fernseher, so wie es im Prospekt steht.

18 Mit freundlichen Grüßen

19 Im Interesse aller Ihrer Kunden wollten wir Ihnen diese Mängel mitteilen und würden Ihnen empfehlen, dieses Hotel nicht mehr zu vermitteln.

Schritt 2 Wählen Sie nun aus, ob Sie den Brief zu Aufgabe a oder den zu Aufgabe b schreiben wollen. (Sie können natürlich auch beide Briefe schreiben.)

Sortieren Sie die Sätze, die Sie zu Aufgabe a und zu Aufgabe b notiert haben:

- Anrede und Schluss
- Anfangssatz und Schlusssatz

Bringen Sie die Sätze des Brieftextes in eine logische Reihenfolge.

Schreiben Sie nun den kompletten Brief.

Ü 3 Satzelemente an Position 1

Zur Wiederholung
Markieren Sie in Ihrem Brief jeweils das Element an Position 1 im Satz. Machen Sie sich noch einmal bewusst, welche Möglichkeiten Sie hier haben:

- Nebensatz: *Wie Sie wissen, …*
- Adverbien: *Leider …*
- Präpositionalobjekt: *Für uns …*
- temporale/lokale Angaben: *In den Zimmern gab es …, …*

Ergänzen Sie weitere Beispiele aus Ihrem Brief.

Prüfungsbeispiel 3: Persönlicher Brief

AUFGABE

Sie haben folgende Postkarte von einer Freundin aus der Schweiz bekommen:

Zürich, 12. 11. 20__

Liebe Sylvie,

wie geht es Dir? Ich habe seit Deinem Praktikum bei uns in Zürich nichts mehr von Dir gehört und hoffe, dass alles in Ordnung ist. Was macht Dein Studium? Sicher bist Du jetzt schon mit der Vorbereitung Deiner Abschlussprüfungen beschäftigt und hast deshalb wenig Freizeit. Du Arme!
Hier in der Firma ist alles wie immer. Zum Glück haben wir jetzt nicht mehr so viel Arbeit wie in den Sommermonaten. Peter und Kathrin haben auch schon nach Dir gefragt und lassen Dich herzlich grüssen.
Leider beginnt es schon kalt zu werden. Heute hat es sogar schon ein bisschen geschneit.
Ich würde mich sehr freuen, bald von Dir zu hören. Schreib doch mal!

Viele Grüsse
Maria

Antworten Sie auf die Postkarte Ihrer Freundin und schreiben Sie einen Brief zu folgenden Punkten:

- Einladung in Ihre Stadt
- Zu welcher Jahreszeit es in Ihrem Land am schönsten zu reisen ist und warum.
- Erkundigen Sie sich nach ihren Wünschen.
- Was Sie mit ihr in Ihrer Stadt alles unternehmen wollen.

Tipp 2

KLEINE WÖRTER/AUSDRÜCKE SIND „DAS SALZ IN DER SUPPE"

Ein klar formulierter und gut verständlicher Text, der auf alle geforderten Punkte eingeht, ist natürlich das Wichtigste in Ihrem Brief. Aber vergessen Sie nicht das „Salz in der Suppe", die Würze der Sprache. Das sind kleine Wörter/Ausdrücke, die den Text flüssiger machen, wie z.B. *außerdem, noch, natürlich, gern, ...*

Ü 4 Wörter ergänzen

Im Folgenden finden Sie solche kleinen Wörter/Ausdrücke, die einen Brief flüssiger und interessanter machen. Versuchen Sie einmal, möglichst viele davon in Ihrem Antwortbrief zu verwenden. Stichworte für Ihren Brief haben wir vorgegeben.

außerdem — endlich — auch — wir könnten — dann auch — was ich noch sagen/fragen wollte — deshalb — wie wäre es, wenn — besonders — natürlich — würde ich gerne — zwar – aber

Ort, Datum

Liebe ...

- Dank für die Postkarte ◆ Prüfungen zu Ende ◆ nach Paris/... einladen ◆
- es gibt viele Sehenswürdigkeiten, wie z.B. berühmte Museen, Kirchen ◆ das Nachtleben ist sehr interessant ◆ viele schöne Bars ◆
- im Winter kalt und häufig Regen ◆ schön im Frühling oder Sommer ◆ viele Straßencafés ◆
- schreib vorher, was dich interessiert ◆ Museen besichtigen, ja oder nein ◆
- sich freuen auf baldiges Wiedersehen ◆
- Grüße

Prüfungsbeispiel 4: Persönlicher Brief

AUFGABE

Sie erhalten folgende E-Mail von Ihrer amerikanischen Freundin.

eMail

From: jane@pbox.com
Cc:
Re: Dein Brief
Att:

Liebe Sabine,
vielen Dank für Deine guten Wünsche zum neuen Jahr. Wie schön, dass Dein Traum in Erfüllung gegangen ist und Du ein Jahr im Ausland arbeiten kannst. Stell Dir vor, ich muss im April auf Geschäftsreise nach Deutschland und Du bist nicht da! Das ist sehr schade, denn ich hätte gern ein paar Tage mit Dir in Deinem Heimatland verbracht.
Zum Glück kann ich danach noch eine Woche Urlaub in Deutschland machen. Welche Stadt oder Gegend empfiehlst Du mir? Was ist dort besonders interessant zu sehen? Soll ich ein Auto mieten? Ich wäre Dir sehr dankbar, wenn Du mir ein paar nützliche Tipps geben könntest. Wie Du weißt, war ich noch nie in Deutschland.
Wann kommst Du wieder einmal nach Kalifornien? Du bist immer herzlich bei mir eingeladen!
Viele Grüße
Jane

Antworten Sie Ihrer Freundin und schreiben Sie etwas zu folgenden Punkten:

- Welches Essen sie in Deutschland probieren soll.
- Was sie dort anschauen soll.
- Welche Verkehrsmittel in Deutschland am praktischsten sind.
- In welche Stadt oder Gegend sie fahren soll.

Bringen Sie die Punkte in eine logische Reihenfolge und schreiben Sie einen passenden Einleitungs- und Schlusssatz.

Ü 5 Brief ohne Vorgaben

Schreiben Sie nun Ihren Antwortbrief ohne Vorgaben.
Denken Sie daran:

- Wie ist die Situation? Müssen Sie den Brief in der Du-Form oder in der Sie-Form schreiben?
- Welche Anrede- und Grußformel passt?
- Welche Reihenfolge der Leitpunkte ist logisch?

Überprüfen Sie nach dem Schreiben:
- Haben Sie alle Leitpunkte berücksichtigt?
- Haben Sie Ort und Datum geschrieben?
- Haben Sie mindestens zwei Sätze zu jedem Leitpunkt geschrieben?
- Haben Sie die Sätze gut miteinander verbunden?
- Haben Sie kleine Wörter/Ausdrücke eingebaut, die den Text flüssig machen?
- Haben Sie das Verb in jedem Satz an die richtige Position gesetzt?

Zur Bewertung

Für diesen Teil der Prüfung haben Sie 30 Minuten Zeit und Sie bekommen maximal 45 Punkte. Das sind 15% der Gesamtpunktzahl.

Der Brief wird nach drei Kriterien bewertet:

1. **Berücksichtigung der Leitpunkte (maximal 5 Punkte)**
   Es wird bewertet, ob Sie zu jedem der vier Punkte ungefähr zwei inhaltlich richtige und klar verständliche Sätze geschrieben haben sowie einen Einleitungs- und Schlusssatz.

2. **Kommunikative Gestaltung (maximal 5 Punkte)**
   Es wird bewertet,
   - ob Sie die vier Punkte in eine logische Reihenfolge gebracht haben.
   - ob Sie die Sätze gut miteinander verbunden haben.
   - ob Sie die korrekte Anrede (Du-/Sie-Form) und passende Einleitungs- und Schlusssätze gewählt haben.
   - ob Datum, Anrede, Gruß- und Abschiedsformel korrekt sind.

3. **Formale Richtigkeit (maximal 5 Punkte)**
   Es werden der korrekte Gebrauch der Grammatik, Syntax und Orthographie/Interpunktion bewertet.

Am Ende werden die Punkte zusammengezählt und mit 3 multipliziert. Die Höchstpunktzahl beträgt somit 45 Punkte. Um den Testteil *Schriftlicher Ausdruck* zu bestehen, müssen Sie mindestens 27 Punkte erreichen.

Mündliche Prüfung

Zur Prüfung

Die mündliche Prüfung besteht aus drei Teilen und dauert ca. 15 Minuten. Sie kann als Einzel- oder Paarprüfung durchgeführt werden und hat den Charakter eines zwanglosen Gesprächs. Es kommt darauf an, dass Sie ein lebendiges Gespräch führen, das heißt, Ihre Meinung sagen, Vorschläge machen, aber auch dem anderen zuhören, auf seine Vorschläge/Einwände reagieren, Kompromisslösungen gemeinsam finden etc.
Besonders bei der Paarprüfung geht es nicht darum, dass einer der Partner versucht, „besser" zu sein als der andere oder zu dominieren. Beide Partner sollen ungefähr gleich lang sprechen, gegenseitig auf ihre Vorschläge, Ideen eingehen, damit ein interessantes Gespräch entstehen kann.

Einzel- oder Paarprüfung

Die Prüfungsinstitutionen können selbst entscheiden, ob sie die mündliche Prüfung als Einzel- oder als Paarprüfung durchführen. Erkundigen Sie sich bei Ihrem Prüfungsinstitut danach, dann können Sie sich beim Lernen auf die jeweilige Prüfungsform konzentrieren. An den Goethe-Instituten in Deutschland und im Ausland wird nur die Einzelprüfung durchgeführt.
Bei der **Einzelprüfung** ist einer der Prüfer* Ihr Gesprächspartner. Sie haben keine Vorbereitungszeit.
In der **Paarprüfung** führen zwei Kandidaten das Gespräch. Die Prüfer fungieren als Moderatoren, hören zu und fragen manchmal etwas. Vor der Prüfung bekommen Sie 20 Minuten Zeit, um sich anhand der Prüfungsunterlagen vorzubereiten. Dabei dürfen Sie sich Notizen machen, aber nicht mit Ihrem Partner sprechen.

Mündliche Prüfung

	Einzelprüfung	Paarprüfung
Vorbereitungszeit:		20 Minuten
Teil 1: Kontaktaufnahme		
Material	keins	Zettel mit 6–8 Fragen
Ablauf	Die Prüfer stellen Fragen zur Person.	Die Kandidaten befragen sich gegenseitig zur Person.
Teil 2: Gespräch über ein Thema		
Material	zwei Bilder mit kurzem Text zum selben Thema	zwei unterschiedliche Bilder mit Text
Ablauf	Gespräch mit Prüfern über das Thema	Gespräch der Kandidaten über das Thema
Teil 3: Lösen einer Aufgabe		
Material	Zettel mit 6–8 Stichwörtern	Zettel mit 6–8 Stichwörtern
Ablauf	mit Prüfern etwas planen, vorbereiten	mit dem anderen Kandidaten etwas planen, vorbereiten

* Wenn wir von Prüfern, Partnern, Kandidaten sprechen, meinen wir selbstverständlich auch Prüferinnen, Partnerinnen und Kandidatinnen.

Teil 1: Kontaktaufnahme

In diesem Teil der Prüfung führen Sie mit Ihrem Partner (Paarprüfung) oder Prüfer (Einzelprüfung) ein Gespräch über Ihre Person, um sich ein bisschen kennen zu lernen.
Dieser Teil dauert ca. 3 Minuten.

In der **Paarprüfung** bekommen Sie ein Aufgabenblatt mit folgenden Punkten:

- Name
- Wo Sie herkommen.
- Wo und wie (Haus, Wohnung ...) Sie wohnen.
- Wie lange Sie schon hier wohnen.
- Wie groß Ihre Familie ist.
- Was Sie beruflich machen (Schule, Studium, Beruf ...).
- Was Sie in der Freizeit gern machen.
- Ob Sie schon in anderen Ländern gelebt haben.
- Welche Sprachen Sie sprechen (wie lange gelernt? warum?).

Eventuell werden Ihnen die Prüfer noch eine weitere Frage stellen.

In der **Einzelprüfung** stellen Ihnen die Prüfer diese Fragen.

Tipp 1

NICHT ZU KNAPP ANTWORTEN

Bei diesem Prüfungsteil sollen Sie die Fragen nicht nur kurz und knapp beantworten, sondern auch einmal ein, zwei Sätze hintereinander sprechen.

schlecht: *Wie heißen Sie? – Keiko Watanabe.*
Woher kommen Sie? – Aus Japan.
Wo wohnen Sie? – In Osaka.
(...)

gut: *Wie heißen Sie? – Ich heiße Keiko Watanabe.*
Woher kommen Sie? – Ich komme aus Osaka, das liegt im Süden von Japan. Aber jetzt lebe ich schon seit fünf Monaten mit meinem Mann in Frankfurt. ...

Auf diesen ersten Teil der mündlichen Prüfung können Sie sich gut vorbereiten und somit leicht „Punkte sammeln“. Die Redemittel und Tipps auf den folgenden Seiten helfen Ihnen dabei.

Redemittel: Über sich Auskunft geben

Im Folgenden finden Sie zu jedem der möglichen Themenbereiche einige Redemittel zur Auswahl, die Sie in diesem Teil der Prüfung benutzen können. Die mit / getrennten Ausdrücke sind Alternativvorschläge. Verwenden Sie nur einen davon pro Satz!

1. Name
   - *Ich heiße ...*
   - *Mein Name ist ...*
2. Herkunft
   - *Ich komme aus ...* (Land/Stadt)
   - *... liegt im Süden/Norden/Osten/Westen von ...*
3. Wohnsituation
   - *Ich lebe/wohne jetzt in ...* (Stadt)
   - *Ich bin ...* (Nationalität), *aber ich lebe seit ...* (Jahre/Monate) *in ...* (Land/Stadt)
   - *Ich wohne allein/noch bei meinen Eltern/...*
   - *Ich/Wir wohne/n in einer kleinen/großen Wohnung/in einem Haus.*
   - *Ich/Wir wohne/n in der Stadt/ in einem Dorf.*
4. Familie
   - *Ich bin ledig/verheiratet/geschieden.*
   - *Ich habe .../keine Kinder.*
   - *Ich komme aus einer großen/kleinen Familie.*
   - *Wir sind ... Geschwister.*
   - *Ich habe eine/... jüngere/ältere Schwester/n und einen/... jüngere/n/ältere/n Bruder/Brüder.*
   - *Meine Großmutter/mein Großvater/... lebt auch bei meiner Familie/ lebt (nicht) weit entfernt von uns.*
5. Ausbildung/Beruf
   - *Ich bin ... von Beruf und arbeite zur Zeit in ... bei der Firma ...*
   - *Zuletzt habe ich bei der Firma ... in ... gearbeitet.*
   - *Ich gehe noch zur Schule.*
   - *Ich mache gerade eine Ausbildung als .../Ich habe eine Ausbildung als ... gemacht.*
   - *Ich studiere ... an der Universität in .../Ich habe ... an der Universität in ... studiert.*
   - *Mein Studium dauert noch ... Jahre. Danach möchte ich ...*
6. Freizeit/Hobbys
   - *In meiner Freizeit ...* (Verb) *ich gern.*
   - *Meine liebste Freizeitbeschäftigung ist ...*
   - *Meine Hobbys sind ...*
7. andere Länder
   - *Nein, ich habe bisher noch nie im Ausland gelebt.*
   - *Ja, ich habe ... Monate/Jahre in ...* (Land) *gelebt und habe dort gearbeitet/studiert/...* .
8. Sprachenlernen
   - *Ich lerne seit ... Monaten/Jahren Deutsch.*
   - *Ich habe in ...* (Land/Stadt) *an ...* (Schule/Sprachschule/Universität) *Deutsch gelernt.*
   - *Zuerst habe ich einen Sprachkurs in ...* (Land/Stadt) *gemacht. Danach ...*
   - *Jetzt lerne ich seit ...* (Monaten/Jahren) *Deutsch in Deutschland.*
   - *Außer Deutsch spreche ich auch gut/ein bisschen ...* (andere Fremdsprache)

Tipp 2

SÄTZE MITEINANDER VERBINDEN

Antworten Sie nicht nur in kurzen Hauptsätzen, sondern verbinden Sie die oben genannten Sätze mit Konnektoren wie *und, oder, weil, aber, außerdem, zuerst, dann, danach, schließlich* und achten Sie dabei auf die Veränderung der Verbposition! (vgl. Schriftlicher Ausdruck Seite 57)

Redemittel: Fragen zur Person des Partners

Die Fragen müssen Sie nur für die **Paarprüfung** lernen. In der Einzelprüfung stellen sie Ihnen die Prüfer.

1. Name
   - *Wie heißen Sie?*
2. Herkunft
   - *Woher kommen Sie?*
   - *Wo liegt das denn?*
3. Wohnsituation
   - *Wo wohnen Sie jetzt?*
   - *Und in Ihrer Heimat?*
   - *Wie wohnen Sie* (in einer Wohnung/in einem Haus)?
   - *Wohnen Sie allein/bei Ihren Eltern/mit Ihrem Mann/Ihrer Frau und Ihren Kindern?*
   - *Wie lange leben Sie schon in Deutschland?*
   - *Wie lange bleiben Sie noch in Deutschland?*
4. Familie
   - *Sind Sie verheiratet oder ledig?*
   - *Haben Sie Kinder?*
   - *Wie groß ist Ihre Familie?*
5. Ausbildung/Beruf
   - *Was sind Sie von Beruf?*
   - *Bei welcher Firma arbeiten Sie zur Zeit/haben Sie zuletzt gearbeitet?*
   - *Gehen Sie noch zur Schule?*
   - *Was studieren Sie/Was wollen Sie studieren?*
   - *Wie lange dauert Ihr Studium noch?*
   - *Was machen Sie danach?*
6. Freizeit/Hobbys
   - *Was machen Sie gern in Ihrer Freizeit?*
   - *Was sind Ihre Hobbys?*
7. andere Länder
   - *In welchen anderen Ländern haben Sie schon gelebt?*
   - *Wie lange?*
   - *Was haben Sie dort gemacht?*
8. Sprachenlernen
   - *Wo und wie lange haben Sie Deutsch gelernt?*
   - *Welche anderen Fremdsprachen sprechen Sie?*

Teil 2: Gespräch über ein Thema

In der **Paarprüfung** bekommen die beiden Kandidaten unterschiedliche Abbildungen mit einem kurzen Text zu einem bestimmten Thema, z.B. Urlaub, Freizeit. Sie haben 20 Minuten Vorbereitungszeit, in denen Sie sich die Abbildung und den Text anschauen und sich Notizen machen können.
Zuerst berichtet jeder Kandidat darüber, welche Informationen er in seiner Abbildung findet. Danach sprechen die beiden Kandidaten über das Thema, tauschen ihre Meinungen dazu aus.
Auch hier gilt dasselbe wie in Teil 1: Sie sollen gemeinsam diese Aufgabe lösen, das heißt, auf die Argumente des anderen eingehen, nachfragen, wenn Sie etwas nicht genau verstehen, auf die Ideen des anderen reagieren etc.

In der **Einzelprüfung** legen Ihnen die Prüfer ebenfalls eine Abbildung mit einem kurzen Text vor. Sie haben eine Minute Zeit, um sie sich anzuschauen. Dann berichten Sie Ihren Prüfern, welche Informationen Sie in Ihrer Abbildung mit Text finden. Sie müssen keine ausführliche Interpretation machen, sondern nur kurz mit eigenen Worten (nicht den Text ablesen!) erklären, was Sie auf der Abbildung sehen.
Im Laufe des Gesprächs legt Ihnen der Prüfer/die Prüferin noch eine andere Abbildung mit Text zu demselben Thema vor und beschreibt kurz den Inhalt. Beide Abbildungen dienen nur als Gesprächsanlass für die weitere Diskussion. Nehmen Sie z.B. einen Aspekt aus der Abbildung, der Sie überrascht hat, weil es in Ihrem Heimatland ganz anders ist, und sprechen Sie darüber.

Mögliche Themenbereiche für diesen Teil der mündlichen Prüfung sind z.B. Sport, Essen und Trinken, Reise, Freizeit, Urlaub.
Für das Gespräch haben Sie ca. 6 Minuten Zeit.

Abbildung 1:

Wohin soll die Reise gehen?

Nicht alle Deutschen planen ihren Urlaub lange im Voraus. Einige nehmen kurz entschlossen ein „Last-Minute-Angebot" wahr. Manche fahren gar nicht in Urlaub und bleiben zu Hause. Von denen, die den Urlaub bereits fest geplant haben, bleiben 22 Prozent in Deutschland, am liebsten an der Nord- und Ostsee und in Bayern. Mehr als drei Viertel dagegen reisen ins Ausland und am liebsten in den sonnigen Süden.

Das sind die beliebtesten Reiseziele der Deutschen:

Deutschland	22%
Spanien	13%
Italien	9%
Österreich	8%
Griechenland	7%
Türkei	5%

Lust auf Karibik

Spanien, Italien und Österreich – das sind momentan die drei beliebtesten Urlaubsziele der Deutschen im Ausland. Doch das könnte eines Tages ganz anders aussehen. Das hat ein Freizeit-Forschungszentrum herausgefunden.
Auf die Frage, welche Reiseziele in den nächsten Jahren im Trend sein werden, gab es eine eindeutige Antwort:
45 Prozent der Befragten nannten die Karibik an erster Stelle, gefolgt von Australien und Florida.

Abbildung 2:

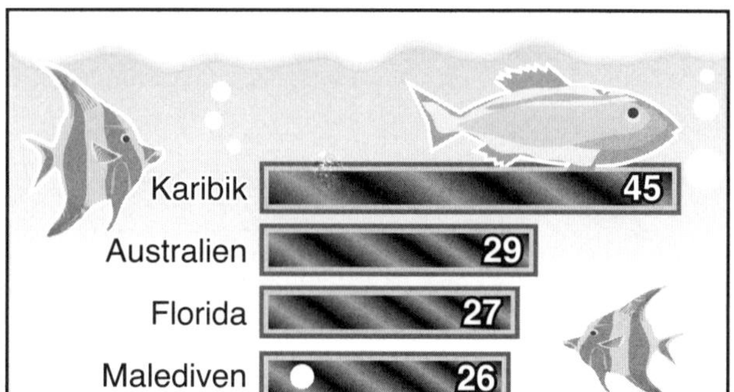

Redemittel: Über Abbildung und Text sprechen

- *Die Abbildung gibt Informationen über das Thema: …*
- *In dieser Abbildung können wir Informationen über …* (+ Nomen!) *finden.*
- *In dieser Abbildung sehen wir, wie/wie viel/ …* (+ Nebensatz!)
- *Der Kommentar zu der Abbildung gibt Auskunft über …* (+ Nomen!)*/darüber, …* (+ Nebensatz!)
- *In dem Text zur Abbildung steht, dass …*
- *Als ich mir die Abbildung angesehen habe, habe ich an …* (+ Nomen!) *gedacht.*
- *Interessant an dieser Abbildung ist, dass …*
- *Seltsam finde ich, dass …*
- *Bei uns ist das ganz anders: …*

Tipp 3

STEIGERUNGSFORMEN WIEDERHOLEN

Wiederholen Sie die regelmäßigen und unregelmäßigen Formen des Komparativs und des Superlativs. Sie brauchen diese Formen, um die Abbildung zu erklären und darüber zu sprechen. Zum Beispiel: *Die Anzahl der … ist in Deutschland **höher/niedriger** als in meinem Heimatland. / Die **meisten** Deutschen reisen nach Spanien. …*

Teil 3: Lösen einer Aufgabe

Sie sollen gemeinsam mit Ihrem Partner (Paarprüfung) oder Ihrem Prüfer (Einzelprüfung) eine Aufgabe lösen.
Sie haben dafür ca. 6 Minuten Zeit.

Beispiel

Zum Abschluss des Sprachkurses will Ihre Klasse mit der Lehrerin ein kleines Abschiedsfest organisieren. Nun überlegen Sie gemeinsam mit Ihrem Partner/Prüfer, wer was vorbereiten könnte.

Sie bekommen dazu eine Liste mit 6–8 Aspekten, über die Sie mit Ihrem Partner/den Prüfern sprechen sollen:

- Wann?
- Wo?
- Essen
- Getränke
- Wer bezahlt wofür?
- Wen könnte man noch einladen? Freunde der Kursteilnehmer, ja oder nein?

Bei diesem Gespräch sollen Sie Vorschläge machen, auf die Vorschläge, Einwände Ihres Gesprächspartners reagieren, Gegenvorschläge machen, Kompromisse aushandeln und am Ende gemeinsam zu einer Lösung kommen.

In der **Paarprüfung** lösen Sie diese Aufgabe mit Ihrem Partner. Das Aufgabenblatt bekommen Sie in der Vorbereitungszeit, so dass Sie sich ein paar Notizen machen können.
In der **Einzelprüfung** führen Sie das Gespräch mit dem Prüfer. Er erklärt Ihnen kurz die Situation und gibt Ihnen dann das Aufgabenblatt.

Redemittel: Vorschläge machen und darauf reagieren

Vorschläge machen

- *Wir könnten doch ...*
- *Ich schlage vor, dass wir ...*
- *Wären Sie damit einverstanden, dass ...?*
- *Wie finden Sie die Idee, ...* (Infinitivsatz)?
- *Es wäre gut, wenn ...*
- *Mein Vorschlag ist/wäre ...* (+ Infinitiv)
- *Am besten wäre es, wenn ...*
- *Was halten Sie davon, wenn wir ...?*

auf Vorschläge reagieren

- *Ja, das ist eine gute Idee! Aber wir müssen auch daran denken, dass ...*
- *Das ist schon richtig. Aber denken Sie nicht, dass wir auch ... ?*
- *Sie haben schon Recht. Aber finden Sie nicht auch, dass ... ?*

der Meinung des anderen widersprechen
- *Ich bin da ganz anderer Meinung. Ich glaube, dass ...*
- *Da muss ich Ihnen widersprechen. Ich finde, dass ...*

eine Lösung finden
- *Ja, das könnten wir so machen.*
- *Als Kompromiss schlage ich vor, dass ...*

Denken Sie daran, dass alle *dass*-Sätze und *wenn*-Sätze Nebensätze sind, das heißt: Das Verb steht am Ende!

Tipp 4

BEI UNKLARHEITEN NACHFRAGEN

Lassen Sie sich nicht aus der Ruhe bringen, wenn Ihnen das passende Wort nicht einfällt oder Sie Ihren Gesprächspartner nicht gut verstanden haben. Wichtig ist, dass Sie in dieser Situation nicht schweigen, sondern Ihr Problem aussprechen.

Zum Beispiel:

Wenn Ihnen das passende Wort nicht einfällt: *Ich finde gerade nicht das deutsche Wort, aber ich meine ...* (umschreiben Sie den Begriff oder setzen Sie ein Wort mit ähnlicher Bedeutung ein).
Wenn Sie etwas nicht gut verstanden haben, fragen Sie nach oder bitten Sie um eine Erklärung: *Meinen Sie damit, dass ...? / Das habe ich nicht richtig verstanden. Könnten Sie das bitte noch einmal sagen/erklären?*

Hörbeispiel *Mündliche Prüfung*

Am Schluss der Cassette/CD können Sie ein Originalbeispiel des Teils *Mündliche Prüfung* hören.
Es ist ein Beispiel für eine sehr gute Leistung. Die Kandidatin zeigt, dass sie sich an einem Gespräch über Alltagsthemen aktiv beteiligen kann. Sie versteht alle Fragen und Kommentare der Prüfer und kann darauf adäquat und flüssig antworten.
Zwar gibt es einige Grammatikfehler und Ungenauigkeiten im Wortschatz, diese beeinträchtigen das Verständnis aber nicht. Sie werden deshalb nicht als negativ bewertet.

Aber keine Sorge, liebe Leserinnen und Leser. Sie können die mündliche Prüfung auch dann bestehen, wenn Sie nicht ganz so flüssig sprechen wie unsere Kandidatin.

Zur Bewertung

Jeder der drei Prüfungsteile wird nach den folgenden vier Kriterien bewertet:

1. **Ausdrucksfähigkeit (maximal 4 Punkte)**
   Es wird bewertet,
   - ob Sie gebräuchliches Vokabular der Alltagssprache beherrschen.
   - ob Sie wichtige Redemittel kennen.
   - ob Sie sich zu verschiedenen Themen des Alltags sprachlich äußern können, zum Beispiel etwas beschreiben, vergleichen, begründen, Vorschläge machen, ablehnen.
   - ob Sie eine höfliche Ausdrucksweise (Sie-Form) beherrschen.
2. **Aufgabenbewältigung (maximal 4 Punkte)**
   Es wird bewertet,
   - ob Sie sich aktiv an einem Gespräch beteiligen können.
   - ob Sie auf die Ideen, Meinungen der Gesprächspartner eingehen und reagieren können.
   - ob Sie in natürlichem Tempo gesprochene deutsche Sprache verstehen.
   - ob Sie sich in mehreren miteinander verbundenen Sätzen flüssig zu einem Thema äußern können.
   - ob Sie sich mit Umschreibungen und Synonymen helfen können, wenn Sie ein Wort nicht kennen oder vergessen haben.
3. **Formale Richtigkeit (maximal 4 Punkte)**
   Es wird bewertet,
   - ob Sie die wichtigsten Strukturen der deutschen Sprache beherrschen, zum Beispiel Deklination, Konjugation (Gegenwart, Vergangenheitsformen), Verbstellung, Konjunktiv II.
   - ob Sie trotz kleiner Grammatikfehler von Deutschen problemlos verstanden werden können.
4. **Aussprache und Intonation (maximal 3 Punkte)**
   Es wird bewertet,
   - ob Sie eine für Deutsche gut verständliche Aussprache haben.
   - ob Sie die Intonation der deutschen Sprache weitgehend beherrschen.

Jeder der drei Teile der *Mündlichen Prüfung* wird einzeln bewertet und am Ende werden die Punkte addiert.

Teil 1: maximal 15 Punkte = 15 Punkte
Teil 2: maximal 15 Punkte x 2 = 30 Punkte
Teil 3: maximal 15 Punkte x 2 = 30 Punkte

Die Höchstpunktzahl beträgt somit 75 Punkte. Um die *Mündliche Prüfung* zu bestehen, müssen Sie mindestens 45 Punkte erreichen.

Beispieltest

Die Prüfung *Zertifikat Deutsch*

A. Schriftliche Prüfung			
Leseverstehen	Teil 1	ca. 20 Minuten	25 Punkte
	Teil 2	ca. 35 Minuten	25 Punkte
	Teil 3	ca. 15 Minuten	25 Punkte
Sprachbausteine	Teil 1	ca. 10 Minuten	15 Punkte
	Teil 2	ca. 10 Minuten	15 Punkte
Insgesamt		**90 Minuten**	**105 Punkte**
Hörverstehen	Teil 1		25 Punkte
	Teil 2		25 Punkte
	Teil 3		25 Punkte
Insgesamt		**ca. 30 Minuten**	**75 Punkte**
Schriftlicher Ausdruck			
Insgesamt		**30 Minuten**	**45 Punkte**
B. Mündliche Prüfung			
Mündliche Prüfung	Teil 1	ca. 3 Minuten	15 Punkte
	Teil 2	ca. 6 Minuten	30 Punkte
	Teil 3	ca. 6 Minuten	30 Punkte
Insgesamt		**15 Minuten**	**75 Punkte**

Um die Prüfung *Zertifikat Deutsch* zu bestehen, müssen Sie folgende Punkte erreichen:

Im Prüfungsteil *A. Schriftliche Prüfung* mindestens	135 Punkte
Im Prüfungsteil *B. Mündliche Prüfung* mindestens	45 Punkte

Das sind jeweils 60 % der zu erreichenden Punkte.

Noten			
	300 – 270 Punkte	=	sehr gut
	269,5 – 240 Punkte	=	gut
	239,5 – 210 Punkte	=	befriedigend
	209,5 – 180 Punkte	=	ausreichend
	179,5 – 0 Punkte	=	nicht bestanden

Beispieltest

Zertifikat Deutsch
ZD · LV
LESEVERSTEHEN: Teil 1
Arbeitszeit: etwa 20 Minuten

Leseverstehen Teil 1

Lesen Sie zuerst die 10 Überschriften. Lesen Sie dann die 5 Texte und entscheiden Sie: Welcher Kurztext (Nr. 1–Nr. 5) passt zu welcher Überschrift (A–J)? Sie dürfen jeden Kurztext und jede Überschrift nur einmal verwenden. (Nur den Kurztext aus dem Beispiel dürfen Sie noch einmal verwenden.)

BEISPIEL: *Neu in Wien: Ein Senioren-Internet-Café*
LÖSUNG: Die Überschrift passt zu Text 4.

1 WIEN. Die Wiener Männer kümmern sich zu wenig um ihre Gesundheit. Denn sie essen und trinken zu viel, heißt es im Wiener Männergesundheitsbericht. So seien die Wiener doppelt so häufig von Übergewicht betroffen und litten viermal häufiger an Alkoholismus als die Wienerinnen. Wegen dieses ungesunden Lebenswandels habe „er" auch eine um sechs Jahre niedrigere Lebenserwartung als „sie". Der Wiener wird im Durchschnitt 73 Jahre alt.

Der Standard 6. 7. 99

2 WIEN – Rund 800.000 Österreicher erleiden pro Jahr einen Unfall. 600.000 davon passieren in der Freizeit, im Sport oder in den eigenen vier Wänden. Der Knochenbruch ist die häufigste Verletzung: Insgesamt etwa 260.000 Frakturen pro Jahr müssen in den Krankenhäusern verarztet werden. Die meisten Unfälle passieren mit Alltagsprodukten. Nur ein Prozent der Freizeitunfälle sei auf defekte oder mangelhafte Produkte zurückzuführen.

Die Presse 22. 5. 99

3 Bis zum Ende des kommenden Jahres sollen die 420 Wiener Pflichtschulen an das derzeit entstehende „Bildungsnetz" angeschlossen sein. Dann werden 110.000 Schüler die Chancen der neuen Medien voll nutzen können. Zur Zeit haben bereits 40.000 Schülerinnen und Schüler an Haupt- und Volksschulen durch das Bildungsnetz Zugang zum Internet: 2.400 PCs wurden dafür von der Stadt Wien angekauft und rund 450 Kilometer Kabel verlegt.

Der Standard 29. 9. 99

4 WIEN – „Wie der Ochs vorm Tor", so fühlte sich die ehemalige Familienministerin Gertrude Fröhlich-Sandner bei ihrer ersten Konfrontation mit dem Medium Internet. Jetzt hat sie einen Kurs an der Volkshochschule absolviert, dadurch jegliche Scheu abgelegt und präsentierte gestern, Dienstag, ein Pilotprojekt: das erste Internet-Café für über 50-Jährige. Es soll Schnupperkurse geben, die bei Bedarf österreichweit angeboten werden. Jugendlichen ist während der Kurse der Eintritt nicht erlaubt.

Der Standard 29. 9. 99

Zertifikat Deutsch
ZD · LV
LESEVERSTEHEN: Teil 1
Arbeitszeit: etwa 20 Minuten

5 Schlittenfahren ist gefährlich – besonders für Erwachsene. Dies ergab die Unfallstatistik der letzten zehn Winter, die in einer Tübinger Klinik angelegt wurde: Je älter die Rodler, um so höher war das Risiko für schwere Verletzungen. Von den über 30-Jährigen brach sich jeder Zweite etwas, bei Kindern und Jugendlichen ging es dagegen meist mit Prellungen ab. Die typische schwere Rodlerverletzung betrifft das Knie und den Bruch des Sprunggelenks, oft durch Zusammenstöße mit Bäumen.

„test". Stiftung Warentest Nr. 1 (1999)

A	Typische Verletzungen beim Rodeln
B	Ein voller Erfolg: 40.000 neue, junge Computernutzer
C	Österreich: Man lebt wieder länger
D	Immer mehr Österreicher verletzen sich in der Freizeit
E	Neueröffnung: Internet-Café für Ältere
F	Nicht auf der Straße, sondern zu Hause ist das Verletzungsrisiko am größten
G	Immer mehr Computer in Wiener Klassenzimmern
H	Rodeln: Wie gefährlich ist das für unsere Kleinen?
I	Computerkurse für Jung und Alt
J	Wien: Männer leben ungesünder und sterben früher

Lösungen:

Text 1 Überschrift: ______
Text 2 Überschrift: ______
Text 3 Überschrift: ______
Text 4 Überschrift: ______
Text 5 Überschrift: ______

Zertifikat Deutsch
ZD · LV
LESEVERSTEHEN: Teil 2
Arbeitszeit: etwa 35 Minuten

Leseverstehen, Teil 2

Lesen Sie den Zeitungsartikel „Die Schüler sind strong enough", und lösen Sie dann die fünf Aufgaben zum Text.

Die Schüler sind „strong enough"

Erfolgreiche Anti-Rauch-Aktion in Vorarlberg

Bregenz – Insgesamt nahmen 54 Schulklassen an der vom Landesschulrat Vorarlberg initiierten Aktion „Strong enough" teil, die Ende vergangener Woche abgeschlossen wurde. Von diesen 54 Schulklassen erreichten 31 mit insgesamt 697 Schülern das Ziel, vier Wochen ohne Zigarette auszukommen. Das sind mehr als 60 Prozent. Das Ergebnis erstaunte und freute den Projektleiter Wolfgang Mittempergher. Zeigt es doch, dass die Mehrheit der an der Aktion beteiligten Schüler eine gewisse Zeit auch ohne Nikotin leben kann. Als Preise winkten einige hundert Euro für die Klassenkameraden. Die Siegerklasse, die Klasse 8a der Hauptschule „Institut St. Josef" in Feldkirch, gewann eine Reise in den Europapark im deutschen Rust.

Der Projektleiter Wolfgang Mittempergher wollte am Ende des Schuljahres mit seinem Wettbewerb „Strong enough" den Schülerinnen und Schülern die Möglichkeit bieten, sich mit dem Thema Nikotinprävention auseinander zu setzen bzw. sich ihrer Zigarettensucht bewusst zu werden.

Eine aktuelle Untersuchung hat ergeben, dass die erste Zigarette meist im Alter zwischen zwölf und vierzehn Jahren geraucht wird. Von den regelmäßig rauchenden Erwachsenen hat mehr als die Hälfte mit etwa dreizehn oder vierzehn zu rauchen begonnen. Angesprochen waren daher die 14- bis 15-jährigen Jugendlichen der achten Schulstufen in Haupt- und Sonderschulen, Gymnasien und Polytechnischen Schulen.

Die Teilnehmer – nur gesamte Klassen – verpflichteten sich in einem „Klassenvertrag", während vier Wochen keine einzige Zigarette zu rauchen. Das war für die Nichtraucher an sich kein Problem, aber sehr wohl für die Raucher, die es in diesem Alter offiziell eigentlich noch gar nicht gibt.

Es gab keine Kontrollinstanz, sondern die Gruppen kontrollierten sich selbst. Eine positive Folge davon war, dass sich die Schüler gegenseitig im Klassenverband im Durchhalten und in der Entscheidung für das Nichtrauchen bestärkten. Die Lehrperson begleitete die Klasse in dieser Aktion nur, griff aber zu keinem Zeitpunkt autoritär oder disziplinarisch ein.

Von den Lehrern war vor dem Projekt festgestellt worden, so Wolfgang Mittempergher, dass für viele junge Schüler die Erfahrungen mit Rauchen ein Tabuthema in der Schule sind. Warum? Nun, die meisten Schüler wissen natürlich, dass Zigarettenrauchen laut Jugendschutzgesetz verboten ist und deshalb von verschiedensten Stellen, von Eltern, Lehrern, Direktoren und Behörden, auch bestraft wird beziehungsweise bestraft werden muss.

Die Aktion „Strong enough" versuchte hier eine Brücke zu schlagen, Gespräche anzuregen, Ansatzpunkte zu bieten und Zeit zu geben, sich mit dem eigenen Befinden auseinander zu setzen, anstatt sich mit der Zigarette im Klo zu verstecken und Strafen zu befürchten.

Auch sollte das Projekt den Nichtrauchern bewusst machen, dass sie die eigentlich Starken sind.

Zertifikat Deutsch
ZD · LV
LESEVERSTEHEN: Teil 2
Arbeitszeit: etwa 35 Minuten

Lösen Sie die Aufgaben 6–10. Entscheiden Sie, welche Lösung (A, B oder C) richtig ist.
Achtung: Die Reihenfolge der einzelnen Aufgaben folgt nicht immer der Reihenfolge des Textes.

BEISPIEL: 0. „Strong enough" ist eine Aktion
A) von Schülern.
B) gegen Rauchen.
C) für erfolgreiche Schüler.

LÖSUNG: **B)**

AUFGABEN:

6. An der Aktion machten insgesamt
   A) 697 Schüler mit.
   B) über 60% aller Schüler mit.
   C) 54 Klassen mit.

7. Zigarettenrauchen
   A) fangen einige schon mit 12 an.
   B) ist für 14- bis 15-Jährige schon eine Gewohnheit.
   C) lehnt ein gewisser Teil der 14-Jährigen ab.

8. Am Anfang des Projekts
   A) versprach jede Klasse, sich an die Abmachung zu halten.
   B) unterschrieb jeder einzelne Schüler einen Vertrag.
   C) beschloss jede Klasse, die Schule zur rauchfreien Zone zu machen.

9. Der Projektleiter wollte
   A) sie nicht mehr für ihre Zigarettensucht bestrafen.
   B) die Schüler daran hindern, weiter zu rauchen.
   C) den Schülern die Gefahren der Abhängigkeit klarmachen.

10. Zweck der Aktion ist auch,
    A) die Raucher aus der Toilette zu holen.
    B) Nichtrauchern mehr Selbstbewusstsein zu verschaffen.
    C) Strafen für heimliches Rauchen kleiner werden zu lassen.

Zertifikat Deutsch
ZD · LV
LESEVERSTEHEN: Teil 3
Arbeitszeit: etwa 15 Minuten

Leseverstehen, Teil 3

Lesen Sie zuerst die 10 Situationen (Nr. 11–20) und dann die 12 Anzeigen (A–L). Welche Anzeige passt zu welcher Situation? Sie können jede Anzeige nur einmal verwenden. (Die Anzeige aus dem Beispiel können Sie noch einmal verwenden.) Es ist auch möglich, dass es ***keine passende Anzeige*** *gibt. In diesem Fall schreiben Sie „****0****“.*

Beispiele:			
	01 Sie tanzen für Ihr Leben gern, haben aber keinen festen Partner.	Anzeige:	**B**
	02 Zur Geburtstagsfeier Ihrer Kinder soll ein Clown erscheinen.	Anzeige:	**0**

Situationen:	**Anzeige:**
11. Sie möchten Ihren Eltern zu ihrer silbernen Hochzeit eine Freude machen und engagieren einen Opernsänger.	
12. Ihr Chef bittet Sie, für die Weihnachtsfeier in der Firma einen Kellner zu engagieren.	
13. Nächste Woche wollen Sie Ihren 40. Geburtstag in einem Lokal feiern und Ihren 40 Gästen etwas Besonderes bieten.	
14. Sie möchten Flamenco-Tanzen in Spanien lernen; zuvor wollen Sie zu Hause einen Spanischkurs besuchen.	
15. Ihre Leidenschaft ist der Jazz, aber Ihre Klavierspielkünste sind nicht so gut.	
16. Sie haben bisher keine Veranstaltung mit spanischem Flamenco ausgelassen.	
17. Der kleine Nachbarsjunge liebt Ihre Katze, aber seine Eltern sind strikt gegen Haustiere. Sie möchten ihm heute Nachmittag eine Freude machen.	
18. Nachdem Sie Wim Wenders Film „Buena Vista Social Club“ gesehen haben, möchten Sie kubanische Tänze lernen.	
19. Am nächsten Wochenende kommen Freunde mit ihren Kindern zu Besuch. Sie suchen ein Lokal für Jung und Alt.	
20. Sie möchten neben Ihrem Halbtagsjob weiteres Geld mit Tanzstunden verdienen, müssen sich aber erst zur Tanzlehrerin ausbilden lassen.	

A

PARTY-FEIERN TÄGL. BIS 04.UHR.
Lauschuli's Karaoke Bistro
mit **priv. Karaoke Room,** 2–40 Pers.
«Feuertopf/Buffet» ab 2/10 Pers. LQ318
Selnaustr. 29, 8001 Zürich.
Tel./Fax 212 80 31, Natel (079) 402 98 01
Karaoke-Geräte/Raum verm. f. versch. priv. Anlässe

B

Dancing Tanzhalle **Schützenhaus** Winterthur
bei der Autobahn-Ausfahrt Ohringen
Tel. 052/212 15 48 Samstag offen bis 02 Uhr

7. Aug. Blumen-Ball
für Singles und Paare (gelb/rot)
Spitzen-Trio "Night Fly"

Jeden Freitag - Single-Tanz-Party

MINI-GOLF
Kinderspielgeräte
Gartenrestaurant
am Weiher

C

Bernhard-Theater Zürich 01 268 66 85 10.00 bis 20.00h
Mi 4.8 - Fr 6.8.99, je 20.30h, So 8.8.99, 17.00h, Mi 11.8. - Sa 14.8.99, je 20.30h
Gran Noche Flamenca Mit der Flamenco-Gruppe EL CANDIL
Das Programm verspricht energiegeladene Emotionalität

D

Befrackter KOMISCHER KELLNER und Musikomik-Nummer. ENTERTAINMENT & SHOW mit Niveau. Subtil bis gediegen schräg mit Stil. **(Prof.)** (056) 282 34 03
DZ920

E

Gesangs- u. o. KLAVIERSTUNDEN WP752
SpassamSingen/Klavier?Prof.SievonmeinenErf:Broadway, Nachtclubs (oft mit bek. Stars). **Jazz, Pop, Gospel, Blues, Klassik.** Nur Fr. 65.–/Std., (01) 861 19 68 (Beant.).

F

Salsa Merengue & Bachata **TANZKURS** mit Omar Chocolate aus Kuba
Neue **Abendkurse:** ab 30. August; Mo, Mi + Fr, 19 h
Weekend 18./19. Sept., ZH 4, ZH 5. vegafilm@access.ch
Fr. 80.–, Tel. 076/377 88 73

G

Steptanz
Ab Sept. neue Anfänger- und Fortgeschrittenen-Kurse
Showtanz-Training
Div. Stufen ab Anfänger bis Ausgleichstraining für Profis
Kindertanz
Lebendiges, tänzerisch-musikalisches Bewegungstraining, diverse Stufen
Berufsausbildung
zur Lehrerin für Tanz und Gym
5 Semester Tagesschule (Nachmittag – Abend)
Kleines Team mit wenigen Schülerinnen
Sehr intensive tänzerische Ausbildung
Tanzberufsschule Macciacchini
Winterthurerstr. 549, 8051 Zürich
Gebäude DENNER, 1. OG. Info: ✆ (01) 321 76 73 GK704

H

Für den zielgerichteten Schritt:
**Englisch
Französisch
Italienisch
Spanisch
Russisch
Japanisch**
Anfänger, Auffrischung, Intensiv, Diplome, Geschäftssprache, Konversation
Qualifizierte Lehrkräfte und einmaliges Preis-/Leistungsverhältnis! Rufen Sie uns an! Tel. 01 801 84 83 Fax 01 801 84 87
Internet: http://www.wbk.ch
Kursbeginn ab 23. August 2000
wbk
weiter bildungs kurse dübendorf
OW117.24

I

MANY
Alleinunterhalter für alle Anlässe
Unterhaltungs- und Tanzmusik
Evergreens, Oldies, Country
Volkstümlich und Stimmung, Pop, Reggae usw.
Tel. (01) 241 14 68 oder (079) 405 47 58 NL880

J

TENOR bekannt von Bühne und Fernsehen für **Hochzeit/Kirche/Abend-Unterhaltung/Jubiläum/Geschäftsessen/Special Event/Weihnachtsparty/Geburtstag.** Repertoire nach Ihren Wünschen. Preis nach Absprache. **079/404 75 33 / 056/402 00 37** (auch Fax). PK843

K

Erlebnis ZOO Eichberg
Info und Prospekte
Tel. 071/755 55 77
Mit kleinen Äffchen spielen, mit Lamas flanieren oder gar einen Gepard streicheln. Ein verrückt-interessanter Zoo, auf Voranmeldung zu besuchen. Neugierig?
HS833

L

USA Neuseeland Südafrika Malta Italien Spanien Lateinamerika Japan Frankreich Kanada Australien England Irland Schottland CH
Sprachkurse für: Erwachsene ab 17 J, Führungskräfte, Schüler 10-17 J, Lehrer, Diplomkurse
Sprach-aufenthalte
COSMOLINGUA
8050 Zürich • Wattstr. 3 • 01-312 33 39
www.cosmolingua.ch

Zertifikat Deutsch
ZD · SB
SPRACHBAUSTEINE: Teil 1
Arbeitszeit: etwa 10 Minuten

Sprachbausteine, Teil 1

Lesen Sie den folgenden Text und kreuzen Sie für jede Lücke das richtige Wort (A, B oder C) an. Markieren Sie dann Ihre Lösungen auf dem Antwortbogen.

Liebe Julia,

wie geht es (0) ? Ich hoffe, dass Du ein paar schöne Tage (21) der Nordsee verbracht hast.

Nun bin ich schon (22) drei Wochen in Paris. Alles ist einfach wunderbar! Du weißt ja, wie sehr ich (23) Stadt liebe!

Das Praktikum bei der Bank ist sehr interessant, und ich lerne fast jeden Tag etwas (24) . Bei dieser Gelegenheit möchte ich (25) noch einmal herzlich (26) danken, dass Du mir diese Stelle vermittelt hast.

Auch mit dem Zimmer bei Familie Dubois bin ich (27) zufrieden. Sie sind so freundlich und hilfsbereit! Am (28) Wochenende haben sie mit mir einen Ausflug nach Versailles gemacht, (29) das Schloss zu besichtigen. Danach sind wir zum Abendessen in dasselbe Restaurant gegangen, (30) sie letztes Jahr auch mit Dir waren. Erinnerst Du Dich noch daran?
Schreib mir doch bitte!

Viele Grüße
Anne

BEISPIEL: (0) LÖSUNG: **B)**
A) Du
~~B)~~ Dir
C) Dich

AUFGABEN:

21. A) bei
    B) in
    C) an

22. A) seit
    B) für
    C) während

23. A) dieses
    B) diesen
    C) diese

24. A) Neue
    B) Neues
    C) Neu

25. A) Dich
    B) Ihnen
    C) Dir

26. A) darüber
    B) dazu
    C) dafür

27. A) sehr
    B) viel
    C) mehr

28. A) letzte
    B) letzten
    C) letztes

29. A) für
    B) damit
    C) um

30. A) wohin
    B) in das
    C) in dem

Zertifikat Deutsch
ZD · SB
SPRACHBAUSTEINE: Teil 2
Arbeitszeit: etwa 10 Minuten

Sprachbausteine, Teil 2

Lesen Sie zuerst die Zeitungsanzeige, auf die sich der folgende Brief bezieht. Lesen Sie danach den Brief mit den Lücken und entscheiden Sie bei jeder Lücke, welches Wort aus dem Kasten (A–P) jeweils passt. Sie können jedes der Wörter von A–P nur einmal verwenden. Nicht alle diese Wörter passen in den Text. Markieren Sie dann Ihre Lösungen auf dem Antwortbogen.

Wohnungstausch: ROM – BERLIN
Suche für die Monate März und April eine Wohnung in Berlin. Biete dafür meine Zwei-Zimmer-Wohnung mit Küche, Bad und Balkon in zentraler Lage in Rom an.

Zuschriften an: Stefano Castello, Via Garibaldi 23, ROMA

Dr. Peter und Susanne Bürklein
Kantstr. 122
10897 Berlin
Tel.: 030/ 670 45 76

Sehr (0) Herr Castello,
mit großem Interesse haben wir Ihre Zeitungsanzeige gelesen.
(31) meine Frau und ich in Rente gegangen (32), haben wir viel Zeit zum Reisen. (33) haben wir beide (34) Lehrer für Latein und Geschichte gearbeitet. Deshalb interessieren wir uns sehr (35) die Antike. Natürlich haben wir schon einige kurze Reisen nach Rom gemacht, (36) jetzt möchten wir gern einmal länger in dieser wunderbaren Stadt bleiben.
Unsere Wohnung in Berlin hat drei Zimmer, Küche und Bad und liegt (37) Zentrum. In der Nähe (38) es viele Geschäfte, eine U-Bahn-Station und einen kleinen Park. (39) Sie Interesse daran haben, schreiben Sie uns bitte bald oder schicken Sie uns ein Fax. Wir (40) uns sehr freuen, wenn der Tausch zustande käme!
Mit freundlichen Grüßen
Peter und Susanne Bürklein

BEISPIEL: Sehr (0) Herr Castello,

LÖSUNG: H

AUFGABEN:

A)	aber	I)	gibt
B)	als	J)	haben
C)	beim	K)	im
D)	bevor	L)	liegt
E)	falls	M)	seit
F)	früher	N)	sind
G)	für	O)	wie
H)	~~geehrter~~	P)	würden

31. ______________ 36. ______________
32. ______________ 37. ______________
33. ______________ 38. ______________
34. ______________ 39. ______________
35. ______________ 40. ______________

Zertifikat Deutsch
ZD · HV
HÖRVERSTEHEN: Teil 1

Hörverstehen, Teil 1

(Hörtext 8)

Sie hören 5 kurze Texte. Sie hören diese Texte nur einmal. Dazu sollen Sie 5 Aufgaben lösen. Bei jeder Aufgabe sollen Sie feststellen: Habe ich das im Text gehört oder nicht? Wenn ja, markieren Sie beim Hören [R] *= richtig. Wenn nein, markieren Sie* [F] *= falsch.*
Lesen Sie jetzt zuerst die Aufgaben Nummer 41 bis 45. Sie haben dazu 30 Sekunden Zeit.

---

41. Die Sprecherin wünscht sich Sportunterricht mit Jungen. [R] [F]

42. Der Sprecher meint, die Schüler sollten endlich mal den Computer als Arbeitsmittel kennen lernen. [R] [F]

43. Die Sprecherin schlägt eine Sprechstunde mit der Lehrerin / dem Lehrer vor. [R] [F]

44. Für den Sprecher sollte der Staat zuerst die jetzigen Zustände verbessern. [R] [F]

45. Die Sprecherin fände ein Fach gut, in dem die Schüler mehr aus der Berufswelt erfahren. [R] [F]

Zertifikat Deutsch
ZD · HV
HÖRVERSTEHEN: Teil 2

Hörverstehen, Teil 2

(Hörtext 9)

Sie hören nun ein Gespräch. Dazu sollen Sie 10 Aufgaben lösen. Sie hören diesen Text zweimal. Bei jeder Aufgabe sollen Sie feststellen: Habe ich das im Text gehört oder nicht? Wenn ja, markieren Sie beim Hören oder danach [R] *= richtig. Wenn nein, markieren Sie* [F] *= falsch.*
Lesen Sie jetzt zuerst die Aufgaben Nummer 46 bis 55. Sie haben dazu eine Minute Zeit.

---

46. Günter Woog ist Vorsitzender des Vereins für lang schlafende Menschen. R F
47. Herr Woog schläft morgens immer bis 8 oder 9 Uhr. R F
48. Biologisch lässt sich dieses Phänomen noch nicht erklären. R F
49. Die Mutter von Herrn Woog war auch Langschläferin. R F
50. Herr Woog dachte früher, dass alle Menschen Langschläfer wären. R F
51. Die Gründer des Vereins nahmen die Sache am Anfang nicht so ernst. R F
52. Ein wichtiger Teil der Vereinsarbeit ist, gemeinsame Schlafurlaube zu organisieren. R F
53. Ein typisches deutsches Vorurteil: Wer (zu) spät aufsteht, ist faul. R F
54. Mehr als die Hälfte der Mitglieder ist über ganz Deutschland verteilt. R F
55. Einige Vereinsmitglieder konnten ihren Arbeitgeber von neuen Arbeitszeiten überzeugen. R F

Zertifikat Deutsch
ZD · HV
HÖRVERSTEHEN: Teil 3

Hörverstehen, Teil 3

(Hörtext 10)

Sie hören jetzt 5 kurze Texte. Sie hören diese Texte zweimal. Dazu sollen Sie 5 Aufgaben lösen. Bei jeder Aufgabe sollen Sie feststellen: Habe ich das im Text gehört oder nicht? Wenn ja, markieren Sie beim ersten Hören oder danach R *= richtig. Wenn nein, markieren Sie* F *= falsch.*

56.	Um 18 Uhr können Sie noch in den Zoo gehen.	R	F
57.	Die Kundin wird in der Spielzeugabteilung von ihrem Kind gesucht.	R	F
58.	Am 10. Mai ist die Oper geschlossen.	R	F
59.	Auf ostdeutschen Autobahnen fließt der Verkehr störungsfrei.	R	F
60.	Um ein günstiges Reiseangebot zu finden, muss man eine andere Nummer wählen.	R	F

Zertifikat Deutsch
ZD
SCHRIFTLICHER AUSDRUCK
Arbeitszeit: 30 Minuten

Schriftlicher Ausdruck

Sie haben folgenden Brief von Ihren Freunden aus dem Urlaub bekommen:

Sylt, 15. 8. 20__

Lieber Thomas,

viele Grüße von der Insel Sylt. Wir verbringen hier wunderschöne Tage im Ferienhaus unserer Familie! Das Wetter ist traumhaft, so dass wir jeden Tag surfen gehen.

Warum kommst Du nicht hierher? Wir haben noch zwei freie Zimmer im Haus! Versuch doch, ein paar Tage von der Arbeit frei zu bekommen. Es ist ja nicht weit von Hamburg, und wir könnten endlich mal wieder zusammen surfen und viel Spaß haben. Überleg es Dir und schick uns einfach ein Fax. Wir hoffen auf Deinen Besuch!

Viele Grüße

Anja und Benjamin

PS: Bring doch Deine neue Freundin mit, dann können wir sie endlich mal kennenlernen.

Antworten Sie Ihren Freunden und schreiben Sie etwas zu jedem der vier Leitpunkte.
Vergessen Sie nicht Datum und Anrede. Überlegen Sie sich einen passenden Einleitungs- und Schlusssatz und eine sinnvolle Reihenfolge für die vier Leitpunkte.
Sie haben 30 Minuten Zeit.

- Ob Sie etwas Besonderes mitnehmen sollen.
- Freundin hat keine Zeit.
- Sie haben eine Woche frei.
- Sie kommen gern.

Zertifikat Deutsch
ZD
MÜNDLICHE PRÜFUNG: Teil 2

Mündliche Prüfung, Teil 2: Gespräch über ein Thema

Abbildung 1:

Mit dem Flieger in die Sonne

Zwischen 1972 und 1998 hat sich das Urlaubsverhalten der Deutschen deutlich verändert.
Der Urlaub im sonnigen Süden ist in den letzten Jahren immer attraktiver geworden. Dagegen verbringen immer weniger Deutsche ihren Urlaub im eigenen Land oder in Österreich.

Die folgende Tabelle zeigt, wie sich das Reiseverhalten der Deutschen verändert hat:

Urlaubsziel	1972	1998
Deutschland	47,0 %	29,6 %
Spanien	6,7 %	14,2 %
Italien	10,2 %	9,3 %
Türkei	—	3,6 %
außereuropäische Länder	2,0 %	13,4 %

Aufgabe:
Berichten Sie Ihrer Gesprächspartnerin / Ihrem Gesprächspartner* kurz, welche Informationen Sie in der Abbildung und dem Text oben finden. Danach berichtet Ihre Gesprächspartnerin / Ihr Gesprächspartner kurz über die Informationen in ihrer/seiner Abbildung und dem Text.

Sprechen Sie zuerst über das Thema und reagieren Sie dann auf Argumente oder Fragen Ihrer Gesprächspartnerin / Ihres Gesprächspartners.

* In der **Einzelprüfung** sind Ihre Gesprächspartner die Prüfer, in der **Paarprüfung** Ihre Partnerin / Ihr Partner.

Zertifikat Deutsch
ZD
MÜNDLICHE PRÜFUNG: Teil 2

Abbildung 2 für Gesprächspartner in der Einzel- und Paarprüfung:

Urlaubsreisen im Herbst und Winter

Ihren Zweiturlaub im Winterhalbjahr lassen sich die Deutschen einiges kosten. Wenn sie im Herbst und Winter Urlaub machen, dann wollen sie vor allem Strand und Sonne oder Berge und Schnee haben.
Beliebtestes Ziel war im Winter 1998/99 Spanien, gefolgt von Österreich und Italien.

Hier sind ein paar Zahlen die angeben, wie viel Geld die Deutschen in ihrem Winterurlaub im Halbjahr (Oktober bis März) 1998/99 ausgegeben haben (Angaben in Milliarden Euro):

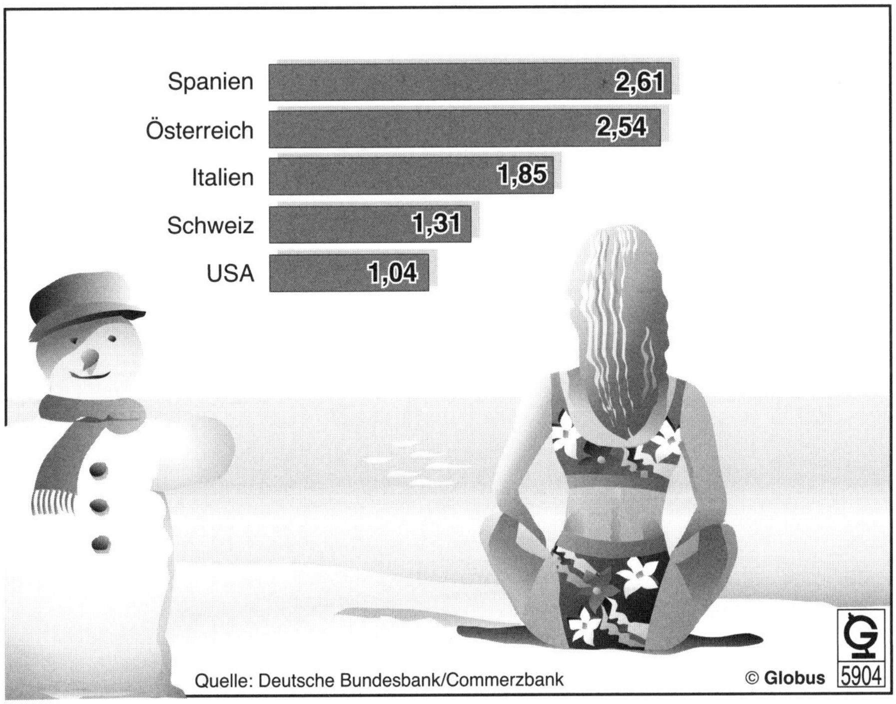

Aufgabe:
Berichten Sie Ihrer Gesprächspartnerin / Ihrem Gesprächspartner kurz, welche Informationen Sie in der Abbildung und dem Text oben finden. Danach berichtet Ihre Gesprächspartnerin / Ihr Gesprächspartner kurz über die Informationen in ihrer/seiner Abbildung und dem Text.

Sprechen Sie zuerst über das Thema und reagieren Sie dann auf Argumente oder Fragen Ihrer Gesprächspartnerin / Ihres Gesprächspartners.

Zertifikat Deutsch
ZD
MÜNDLICHE PRÜFUNG: Teil 3

Mündliche Prüfung, Teil 3: Lösen einer Aufgabe

Sie wollen mit den Studenten Ihres Deutschkurses am Samstag einen Ausflug machen. Organisieren Sie mit Ihrem Gesprächspartner / Ihrer Gesprächspartnerin diesen Ausflug.
Überlegen Sie sich, was zu tun ist und wer welche Aufgaben bei der Organisation übernimmt.
Sprechen Sie über folgende Punkte:

Ausflug

- Wohin?
- Wer kümmert sich um die Fahrkarten?
- Wo findet man eine gute Landkarte für diese Gegend?
- Was könnte man an dem Tag alles machen?
- Wer kauft das Essen und die Getränke zum Mitnehmen ein? Jeder für sich oder einer für alle?
- Wann und wo trifft man sich?

Transkription der Hörtexte

1

Hörtext 1

Berlin: Streik bei Bussen und Bahnen
Nachdem gestern Abend die Gewerkschaft Öffentlicher Dienst ihre Forderungen nicht durchsetzen konnte, kommt es heute zu einem Warnstreik im Bus- und Bahnverkehr. Folgende Busse und Bahnen verkehren heute zwischen 7 und 12 Uhr nicht: die Linien 12, 20, 53 und 66. Fahrgäste der Linien 12, 20, 53 und 66, bitte steigen Sie heute Vormittag auf andere Verkehrsmittel um.
Noch ein Appell an unsere Autofahrer: Wenn Sie noch ein Plätzchen in Ihrem Auto frei haben, nehmen Sie doch bitte wartende Fahrgäste an der Haltestelle mit.

2

Hörtext 2

A) Die Situation kennt jeder: Man sitzt schon länger in der Prüfung und irgendwann nimmt die Konzentration ab. Jeder denkt dann: Ich habe so viel gelernt, eigentlich müsste die Aufgabe doch zu kkrrrrrrrrrrrrrrrrrrrkk sein. Aber so intensiv Sie auch nachdenken, der Kopf bleibt leer – und die Frage kkrrrrrrrrrrrrrrrrrrrkk.
B) Ganz wichtig ist da der Trink-Tipp. In einer Untersuchung wurde kkrrrrrrrrrrrrrrrrrkk, dass Studenten in der Prüfung meist dann erstaunliche Ergebnisse kkrrrrrrrrrrrrrrrrkk, wenn sie pro Tag mindestens zweieinhalb Liter Mineralwasser kkrrrrrrrrrrrrrrrrrkk. Also, ein erster wichtiger Tipp: Bringen Sie in die Prüfung auf jeden Fall eine kleine Flasche Wasser mit.
C) Wenn es in der Prüfung überhaupt nicht mehr weitergeht, obwohl Sie wochenlang am Schreibtisch kkrrrrrrrrrrrrrrrrrrrkk haben, können Sie nur noch zu den Ohren greifen.

3

Hörtext 3

J. = Journalist; E. = Expertin

J.: Wir haben heute Frau Dr. Weiß als Gast im Studio. Sie ist Mitglied in der Gesellschaft für Gehirntraining und ist heute zu uns gekommen, um uns ein paar wichtige Tipps zum Thema „Turbo-Training fürs Gehirn: Hellwach bei Prüfungen“ mitzuteilen. Guten Tag Frau Weiß.

E.: Guten Tag.

J.: Die Situation kennt jeder: Man sitzt schon länger in der Prüfung, und irgendwann nimmt die Konzentration ab. Jeder denkt dann: Ich habe so viel gelernt, eigentlich müsste die

Aufgabe doch zu bewältigen sein. Aber so intensiv Sie auch nachdenken, der Kopf bleibt leer – und die Frage unbeantwortet. Es ist gerade so, als ob all das Lernen umsonst gewesen wäre. Was macht man nun in so einer Situation?

E.: Ja ja. Genauso ist es und hat es vielleicht schon fast jeder von uns in einer Prüfung erlebt. In meinem Buch *„Was tun bei Prüfungsangst?"* habe ich gerade zu diesem Problem ein paar Tipps aufgelistet.

J.: Welchen ersten wichtigen Tipp könnten Sie uns denn geben?

E.: Ganz wichtig ist da der Trink-Tipp. In einer Untersuchung wurde festgestellt, dass Studenten in der Prüfung meist dann erstaunliche Ergebnisse erzielen, wenn sie pro Tag mindestens zweieinhalb Liter Mineralwasser zu sich nehmen. Also ein erster wichtiger Tipp: Bringen Sie in die Prüfung auf jeden Fall eine kleine Flasche Wasser mit, und trinken Sie an den Tagen davor und am Tag selber viel Wasser.

J.: Aber was kann man tun, wenn man schon in der Prüfung sitzt, kein Wasser dabei hat und plötzlich in so ein Loch fällt, aus dem man nicht mehr herauskommt?

E.: Da helfen nur noch die Ohren.

J.: Wie? Die Ohren?

E.: Ja, wenn es in der Prüfung überhaupt nicht mehr weitergeht, obwohl Sie wochenlang am Schreibtisch geschuftet haben, können Sie nur noch zu den Ohren greifen. Da hilft ein kurzes Massieren der Ohren, genauer gesagt der Ohrläppchen. Genau da, wo das Ohr weich und knubbelig ist, befinden sich nämlich wichtige Akupunkturpunkte, die das Erinnerungsvermögen stärken.

J.: Das muss ich mir auch merken: Einmal Ohrenmassage und ich weiß wieder, wo ich die Schlüssel hingelegt habe oder wann Bach, Beethoven und Mozart große Erfolge hatten.

E.: Ja, probieren Sie es doch mal.

J.: Gut. Vielen Dank für das Gespräch und die wichtigen Tipps. Und Ihnen liebe Hörerinnen und Hörer: Viel Glück für Ihre kommenden Prüfungen.

4

Hörtext 4

Moderator:
Wir haben gestern vor der Universität eine Umfrage gemacht zum Thema *„Welche Erfahrungen haben Sie mit Prüfungen?"* und dazu ein paar Studentinnen befragt. Hören Sie einen Ausschnitt mit einer interessanten Stellungnahme.

Sprecherin:
Früher habe ich Prüfungen gehasst. Als ich noch zur Schule ging und eine Prüfung vor der Tür stand, machte ich eigentlich fast alles falsch, was man nur falsch machen kann. So habe ich zum Beispiel meistens bis zur letzten Minute vor der Prüfung gelernt: noch morgens beim Frühstück, auf dem Weg zur Schule und sogar noch im Klassenzimmer wenige Minuten vor der Prüfung. Und dementsprechend liefen die Prüfungen bei mir immer schlecht. Aber das ist schon fünf Jahre her. Mittlerweile bin ich Studentin und habe in einem Erstsemester-Seminar einige Tipps zur Prüfungsvorbereitung erfahren und gelernt, meine Angst abzubauen. Ich gehe zum Beispiel jetzt am Abend vorher selten später als 11 Uhr ins Bett. Außerdem höre ich spätestens zwei bis drei Tage vorher auf, neuen Stoff dazu zu lernen, sondern wiederhole und übe nur noch das, was ich bis dahin gelernt habe.

5

Hörtext 5 Hörverstehen Teil 1

Sie hören nun fünf kurze Texte. Sie hören diese Texte nur einmal. Dazu sollen Sie 5 Aufgaben lösen. Bei jeder Aufgabe sollen Sie feststellen: Habe ich das im Text gehört oder nicht? Wenn ja, markieren Sie beim Hören R = richtig. Wenn nein, markieren Sie F = falsch.
Lesen Sie jetzt die Aufgaben 1 bis 5. Sie haben dazu 30 Sekunden Zeit.

Hören Sie nun die Interviews.

Wir beschäftigen uns heute mit dem Thema „Handys" und befragen dazu einige Erwachsene, Jugendliche und Kinder: „Was denken Sie / Was denkst du darüber: Sollten Kinder auch schon Handys haben?" Hören Sie dazu einige Stellungnahmen:

Nr. 1
Also, grundsätzlich würde ich meinen Kindern kein Handy kaufen. Ich bin absolut dagegen, obwohl mir bewusst ist, dass es in bestimmten Situationen vielleicht nicht schlecht wäre, wenn Kinder ein Handy hätten. So zum Beispiel, wenn die mit 15 oder 16 abends ausgehen, in die Disco gehen. Für Kinder bis 16 sind Handys erst mal reine Spielzeuge, egal wo und wann – die spielen doch nur damit rum. In der Schule zum Beispiel, und die armen Lehrer müssen dann mit den ständig klingelnden Handys fertig werden. Das stört doch den Unterricht. Meine Kinder bekommen von mir nie ein Handy. Wenn sie es wollen, müssen Sie es sich selber kaufen.

6

Nr. 2
Handys für Jugendliche? Na, das ist doch absolut überflüssig, 'ne Telefonkarte tut's auch. Denn so dringend kann für einen Jugendlichen kein Telefonat sein. Ich denke, dass Kinder oder Jugendliche erst mal noch kein Handy brauchen. Die wollen jetzt nur alle eins haben – rein aus Prestigegründen, um anzugeben, um den Freunden gegenüber irgendwie zu beweisen, was für tolle Typen sie sind. Glauben Sie mir, das stimmt. Denn ich bin Lehrerin für Berufsschüler und habe schon oft erlebt, dass meine Schüler mit ihren Handys gar nicht telefonieren können, weil sie die Karte gar nicht mehr finanzieren können. Aber Hauptsache sie können angerufen werden, vor allem mitten im Unterricht ...

7

Nr. 3
Ich finde es ausgesprochen lächerlich, wenn Kinder so ein Handy haben, denn das bringt denen doch gar nichts. Was kann da schon so wichtig sein, dass sie immer erreichbar sein müssen? Bei Erwachsenen, da kann ich das ja noch verstehen, wenn die irgendwie wegen ihres Berufes angerufen werden wollen oder so. Aber bei Kindern ist es doch absoluter Quatsch.

8

Nr. 4
Na, das ist doch klar. Da sind doch die Eltern die Schuldigen. Sie sind es oft, die ihren „süßen Kleinen" die Handys auch noch kaufen ... weil sie das so schick finden. Über die Konsequenzen

machen die sich doch keine Gedanken. Die Eltern, die das machen, sind meiner Ansicht nach einfach dumm. Denen fallen wahrscheinlich gar keine anderen Geschenke mehr ein. Ihre Kinder haben sowieso schon alles: Computer, Mountain-Bike, Rollerblades, Nike-Schuhe und Swatch-Uhr. Die wissen einfach nicht mehr, wie sie ihre Kinder glücklich machen können, außer mit Trend-Objekten und Status-Symbolen. Arme Kinder ...

9

Nr. 5
Naja, für Kinder ab einem bestimmten Alter finde ich es nicht schlecht. Ich zum Beispiel habe schon eins, das ist praktisch. Zum Beispiel, wenn ich unterwegs bin, vor allem abends, kann ich jederzeit zu Hause anrufen. Auch meine Eltern sind jetzt ruhiger, weil sie mich jetzt jederzeit erreichen können. Anfangs fühlte ich mich mit Handy komisch. Ich dachte, jeder denkt: Was ist denn das für ein reicher Schnösel ... Aber mittlerweile finde ich es ganz normal. Einmal konnte ich sogar jemandem helfen, der im Park mit seinem Rad gestürzt war und am Kopf blutete. Innerhalb von wenigen Minuten war dank meines Anrufs der Krankenwagen da.

10

Hörtext 6
Hörverstehen Teil 2

Sie hören nun ein Gespräch. Dazu sollen Sie zehn Aufgaben lösen. Sie hören das Gespräch zweimal. Bei jeder Aufgabe sollen Sie feststellen: Habe ich das im Text gehört oder nicht? Wenn ja, markieren Sie beim ersten Hören oder danach R = richtig. Wenn nein, markieren Sie F = falsch.
Lesen Sie jetzt die Aufgaben 1 bis 10. Sie haben dazu eine Minute Zeit.

Hören Sie jetzt das Gespräch.

M.: = Moderator; K.: = Frau Kampeli

M.: Seit Tagen regnet es schon wieder und der kalte Wind fährt einem unter die Haut. Seien Sie mal ehrlich, liebe Hörerinnen und Hörer: Geht es Ihnen nicht genauso wie einem Viertel aller Schweizer? Denken Sie in solchen Zeiten nicht auch manchmal an den Süden, daran, sich unter Palmen am blauen Meer die Sonne auf die Nase brennen zu lassen? Heute haben wir im Studio jemanden zu Gast: Frau Maja Kampeli. Sie könnte Ihnen diesen Traum jederzeit verwirklichen, und zwar von heute auf morgen. Gruezi, Frau Kampeli.

K.: Gruezi, Herr Neuber.

M.: Frau Kampeli, Sie sind Leiterin eines Last-Minute-Reisebüros am Flughafen Zürich-Kloten. Wie lange machen Sie das eigentlich schon?

K.: Ich muss mal überlegen ... Vor 10 Jahren saß ich noch als Verlagsassistentin täglich im Büro und hatte nur wenig Kontakt zu Leuten. Dann fand ich aber durch Zufall eine interessante Anzeige einer Reisegesellschaft in der Zeitung, bewarb mich und wurde sofort genommen. Seitdem, genauer gesagt seit gut 9 Jahren, arbeite ich in meinem Traumjob: Ich verkaufe Flugreisen in alle Welt für Kurzentschlossene.

M.: Was ist an Ihrem Job so traumhaft, Frau Kampeli? Die Möglichkeit, auch selber billig in Urlaub fahren zu können?

K.: Naja, das spielt eine nicht so große Rolle. Natürlich nutzte ich die Chance aus, billig an Flüge zu kommen, und habe auch schon viele Länder besucht. Aber in erster Linie liebe ich meinen Job, weil ich ständig mit Menschen zu tun habe und ihnen – fast immer – auch ihre Wünsche erfüllen kann. Das heißt, im Gegensatz zu meinem früheren Verlagsjob, wo ich allein am Schreibtisch sitzend meine Arbeit erledigen musste, treffe ich jetzt täglich mit Menschen zusammen. Das ist meine Hauptaufgabe, die Wünsche der Kunden zu erfahren, sie zu beraten und ihnen das passende Angebot zu verkaufen. Da das fast immer klappt, besteht eigentlich fast jeder Tag aus Erfolgserlebnissen. Was will man mehr?

M.: Na, das klingt ja total verlockend. Vielleicht sollte ich meinen Beruf wechseln ... Aber Spaß beiseite: Können Sie wirklich jeden Kundenwunsch erfüllen?

K.: Natürlich nicht, denn bei Last-Minute-Flügen kann ich nur solche Flüge verkaufen, die auf dem Markt angeboten werden. Wenn dann zum Beispiel, wie letzte Woche geschehen, ein ganzer Kegelklub vorbeikommt und den Wunsch nach 20 Flügen zur spanischen Insel Menorca äußert, sind meine Möglichkeiten begrenzt. An einem Tag eine so große Zahl von Flugtickets zu einem bestimmten Urlaubsziel zu bekommen, ist nur selten möglich. Glücklicherweise habe ich dann für diese Kegeltruppe eine Reise nach Istanbul buchen können. Als sie dann wieder in Zürich-Kloten gelandet waren, haben sie sich mit allem Pipapo bei mir bedankt: Es gab lauter kleine Geschenke: ein schönes Tuch, guten Wein, Oliven und andere Köstlichkeiten aus der Türkei.

M.: Gleich ein ganzer Kegelklub kommt natürlich eher selten vor ...

K.: Ja, ja ...

M.: ... aber darin zeigt sich auch der Trend der letzten Jahre, dass immer mehr Schweizer im Urlaub ins Ausland fliegen und dass gleichzeitig das kurzfristige Buchen von Reisen immer beliebter wird. Auch wenn man erst wenige Tage vor Abflug sein Reiseziel kennt, entscheiden sich immer mehr urlaubsreife Eidgenossen für solche Last-Minute-Angebote. Haben Sie dazu ein paar Zahlen? Wie viele Reisen verkauft eigentlich Ihre Reisegesellschaft pro Jahr?

K.: Gerade sind die Zahlen für letztes Jahr veröffentlicht worden: Letztes Jahr wurden über 400.000 Reisen an den Mann bzw. an die Frau gebracht. Um eine derart große Zahl von Reisen verkaufen zu können, arbeiten wir mit verschiedenen Reiseveranstaltern und Fluggesellschaften zusammen, insgesamt sind es 120 Reiseveranstalter und Fluggesellschaften.

M.: Aber die wollen sicherlich in erster Linie die Reisen zum vollen Preis verkaufen. Ab wann kann man eigentlich an solche verbilligten Tickets und Reisen kommen? Und wie viel lässt sich dabei sparen?

K.: Ja, das ist eine gute Frage, denn vielen Kunden ist es noch nicht so richtig klar, dass wir kein normales Reisebüro sind. Last-Minute-Angebote kann man bei uns frühestens zwei Wochen und spätestens wenige Stunden vor Reisebeginn buchen. Und nur weil diese Buchungszeit so nah am Abflugstermin liegt, können wir durchschnittlich Preise zwischen 20 und 30 Prozent unter den Katalogpreisen anbieten.

M.: Das klingt sehr verlockend. Aber gibt es wirklich Leute, die wenige Stunden vor Abflug zu Ihnen kommen und sagen: „Ich will weg, irgendwohin. Haben Sie eine Reise bzw. einen Flug in die Sonne für mich?"

K.: Na klar, zwar kommt das nicht so häufig vor, aber immer mal wieder. Das sind mir auch die liebsten Kunden: Sie stellen nur wenig Fragen über das Hotel oder den Flug, sondern entscheiden sich schnell für ein Reiseziel. Innerhalb von 5 Minuten ist die Reise verkauft.

M.: Ja, vielen Dank Frau Kampeli, dass wir Sie als Gast im Studio begrüßen durften. Vielleicht sehen wir uns ja bald mal am Flughafen, wenn uns mal wieder die Decke auf den Kopf fällt oder wenn der ewige Regen uns ...

Hören Sie nun das Gespräch noch einmal und überprüfen Sie Ihre Antworten. (Zurückspulen)

11

Hörtext 7
Hörverstehen Teil 3

Sie hören jetzt 5 kurze Texte. Sie hören diese Texte zweimal. Dazu sollen Sie 5 Aufgaben lösen. Bei jeder Aufgabe sollen Sie feststellen: Habe ich das im Text gehört oder nicht? Wenn ja, markieren Sie beim ersten Hören oder danach R = richtig. Wenn nein, markieren Sie F = falsch.
Lesen Sie jetzt die Aufgabe 1.

Hören Sie jetzt den Text.

Sie sitzen im Flugzeug nach Bangkok und hören folgende Durchsage:

Herzlich Willkommen an Bord des Fluges Lauda-Air nach Bangkok. Leider können wir noch nicht starten, weil sich wegen des schlechten Wetters und der schlechten Sicht der Abflug um 30 Minuten verschiebt. Das heißt, die geplante neue Abflugszeit ist um 15 Uhr 45. Bitte bleiben Sie aber sitzen, damit wir, sobald wir die Starterlaubnis bekommen, abfliegen können. Bis zum Start wird Ihnen unser Flugpersonal eine kleine Erfrischung reichen. Nach dem Start erhalten Sie einen kleinen Snack und später dann ein Abendessen. Nach dem Abendessen zeigen wir Nachrichten aus aller Welt, Informationen aus Sport, Reise und Wirtschaft, einen Zeichentrickfilm und einen Spielfilm. Der Titel des heutigen Films ist: Lola rennt. Wir entschuldigen uns für die Wartezeit und wünschen Ihnen im Namen des Flugpersonals einen angenehmen Flug.

Sie hören jetzt den Text noch einmal. (Zurückspulen)

12

Lesen Sie jetzt die Aufgabe 2.

Hören Sie jetzt den Text.

Sie sitzen im Zug nach Wien und hören folgende Durchsage:

Wir begrüßen die neu zugestiegenen Fahrgäste im Mozart-Express, Eurocity 531 nach Wien. Die Wagen der Ersten Klasse befinden sich am Anfang des Zuges. Das Bordtelefon befindet sich in Wagen 10, in der Mitte des Zuges. Telefonkarten zum Preis von 6,- und 25,- EUR sind im Bordrestaurant und beim Zugpersonal erhältlich. Das Bordrestaurant befindet sich in der Mitte des Zuges. Im Bordrestaurant sind noch Plätze frei, wir empfehlen heute: Wiener Schnitzel mit Kartoffelsalat und als Nachspeise Palatschinken. Das Ganze für 8,90 EUR. – Nächster Halt ist Linz Hauptbahnhof.

Sie hören jetzt den Text noch einmal. (Zurückspulen)

13

Lesen Sie jetzt die Aufgabe 3.

Hören Sie jetzt den Text.

Sie möchten einen Termin beim Arzt machen und hören eine automatische Telefonansage.

Guten Tag. Hier spricht der Anrufbeantworter Dr. Lipsky, Telefon 75 57 35 20. Die Praxis ist zur Zeit nicht besetzt. Sie erreichen uns täglich von 7.30 bis 13 Uhr und Montag, Dienstag und Donnerstag von 15 bis 18 Uhr. In dringenden Fällen wenden Sie sich bitte an den kassenärztlichen Notfalldienst oder an die Notfallpraxis in den Hackeschen Höfen, Telefon 559 773. Ende der Durchsage. Vielen Dank.

Sie hören jetzt den Text noch einmal. (Zurückspulen)

14

Lesen Sie jetzt die Aufgabe 4.

Hören Sie jetzt den Text.

Sie haben eine wichtige Frage zur deutschen Grammatik und rufen beim „Grammatischen Telefon" an.

Guten Tag, Sie sind verbunden mit dem „Grammatischen Telefon" der RWTR Aachen. Die Sprachberatungsstelle ist wegen Urlaubs zur Zeit nicht besetzt. Ab dem 23. August sind wir zu den gewohnten Zeiten wieder für Sie da. Montag bis Freitag von 9 Uhr bis 12 Uhr. Bis dahin hilft Ihnen in dringenden Fällen das „Grammatische Telefon" in der Universität Potsdam weiter. Die Nummer lautet 0331 – 977 24 24. Vielen Dank für Ihren Anruf.

Sie hören jetzt den Text noch einmal. (Zurückspulen)

15

Lesen Sie jetzt die Aufgabe 5.

Hören Sie jetzt den Text.

Sie sind heute auf eine Gartenparty in Hamburg eingeladen und wissen nicht, was Sie anziehen sollen. Sie hören folgende Ansage:

Guten Tag. Hier ist der Deutsche Wetterdienst mit dem City-Wetter. Die aktuellen Messwerte von 14 Uhr: Hamburg stark bewölkt, Lufttemperatur 17 Grad, Wind aus West bis Südwest, Windgeschwindigkeit 11 Stundenkilometer. Die Wettervorhersage bis heute Abend: unverändert, aber leicht steigende Temperaturen und abnehmender Wind.

Sie hören jetzt den Text noch einmal. (Zurückspulen)

16

Hörtext 8
Beispieltest: Hörverstehen Teil 1

Sie hören 5 kurze Texte. Sie hören diese Texte nur einmal. Dazu sollen Sie 5 Aufgaben lösen. Bei jeder Aufgabe sollen Sie feststellen: Habe ich das im Text gehört oder nicht? Wenn ja, markieren Sie beim Hören R = richtig. Wenn nein, markieren Sie F = falsch.
Lesen Sie jetzt die Aufgaben Nummer 41 bis 45. Sie haben dazu 30 Sekunden Zeit.

Hören Sie nun die Interviews.

Zum Anfang des neuen Schuljahres ist die Neugier der Schüler meist noch groß: Da beschäftigen sie Fragen wie: Welche Lehrer bekomme ich? Wird es neue Schüler in der Klasse geben? Aber auch, welches neue Fach wird es geben? Wird das interessant sein?
Wir haben Schüler und Erwachsene auf der Straße befragt. Wir wollten wissen: „Was sollten Münchner Schüler noch lernen? Welches Schulfach sollte neu eingeführt werden?"
Hören Sie einige Antworten.

Nr. 41
Für mich wäre Tanzen als Schulfach am interessantesten, mindestens zwei Stunden pro Woche. Der Sportunterricht, vor allem der Gymnastikunterricht langweilt mich tödlich, immer nur Herumturnen mit diesen blöden Gymnastikbällen. Also mit Tanzen würde die Schule endlich mal auch unsere Interessen und Wünsche berücksichtigen. Aber auf keinen Fall Breakdance, das wollen doch nur die Jungs. Ich wäre stattdessen für Mambo, Lambada oder Tango.

17

Nr. 42
Ich wüsste da sofort was. Ich bin in der Computer-Branche tätig und denke, dass man an diesem Medium in Zukunft nicht mehr vorbeikommt – vor allem nicht die Jugend. Computer als Pflichtfach hieße in meinen Augen aber nicht nur, dass die Schülerinnen und Schüler am Computer, an einigen Programmen, E-Mail und Internet herumspielen. Vielmehr fände ich es interessanter, wenn die Schüler über mehrere Stunden an einem Projekt arbeiten, bei dem sie den Computer brauchen und als Hilfsmittel einsetzen. Nur so erkennen sie die Möglichkeiten des Computers und lernen vielleicht ihre künftigen Arbeitsfelder kennen.

18

Nr. 43
Ich fände es gut, wenn wir nach dem vielen Unterricht einmal in der Woche einfach keinen Unterricht hätten. Der Lehrer kann ja dabei sein, ich weiß, das geht ohne Lehrer nicht ... Aber er soll sich in diesen Stunden einfach zurückhalten und uns den Inhalt selber bestimmen und gestalten lassen. In dieser Zeit könnten wir dann zum Beispiel Themen besprechen, die uns interessieren, oder über Probleme in bestimmten Fächern reden oder ganz einfach lernen ... zum Beispiel vor Schulaufgaben. Aber eigentlich interessiert mich die Frage, was im Unterricht fehlt, weniger als die Frage, wovon es auf jeden Fall zu viel gibt: Mathe!

19

Nr. 44
Was? Ein neues Pflichtfach? Wer soll das denn bezahlen? Wo uns der Staat eh schon ständig die Gehälter beschneidet und es darum geht, Stunden zu kürzen. Bevor über ein neues Pflichtfach nachgedacht wird, sollten sich erst mal die Bedingungen an den Schulen verbessern. Klassen mit über 25 oder gar 30 Schülern sind doch keinem Lehrer mehr zuzumuten, und die Schüler merken auch, dass bei einer solchen Klassengröße die Qualität des Unterrichts leidet. Da sollte man anfangen, bevor man neue Visionen entwickelt.

20

Nr. 45
Hm, ein neues Pflichtfach ... Vielleicht sollte jede Woche ein anderes Berufsfeld vorgestellt werden. Das sehe ich jetzt an meiner Tochter, die ist gerade 20 geworden und weiß immer noch nicht, was sie will. Natürlich ist die Entscheidung nicht leicht, vor allem in der heutigen Zeit, aber manchmal fehlt den Jugendlichen einfach nur die Information. Wenn Sie mehr wüssten, welche beruflichen Möglichkeiten sie wo haben, wären sie am Ende der Schule nicht so orientierungslos. Ich denke einfach, alle, die ein festes Ziel vor Augen haben, tun sich leichter im Leben.

21

Hörtext 9
Beispieltest: Hörverstehen Teil 2

Sie hören nun ein Gespräch. Dazu sollen Sie 10 Aufgaben lösen. Sie hören diesen Text zweimal. Bei jeder Aufgabe sollen Sie feststellen: Habe ich das im Text gehört oder nicht? Wenn ja, markieren Sie beim ersten Hören oder danach R = richtig. Wenn nein, markieren Sie F = falsch.
Lesen Sie jetzt die Aufgaben Nummer 46 bis 55. Sie haben dazu eine Minute Zeit.

Hören Sie jetzt das Gespräch.

J.: = Journalistin; Woog = Herr Günter Woog

J: Im Gespräch zu Gast in *Hörensagen* im Deutschlandradio Berlin heute Günter Woog aus Hessen. Und Sie sind Vorsitzender des Clubs der Langschläfer. Wie heißt Ihr Verein aber genau?

Woog: Ja, wir nennen uns *Delta T* und *Verein für zeitversetzt und lang schlafende Menschen.*

J: Wie ist denn Ihr üblicher Schlafrhythmus?

Woog: Also, ich lebe völlig weckerfrei und von daher variiert das von Tag zu Tag. Aber so in der Regel gehe ich so zwei, drei Uhr ins Bett und steh' dann so acht, neun Stunden später auf, dann so halt um 10, 11, 12.

J: Ein wirkliches Problem für Sie, das Aufstehen. Ist das biologisch erklärbar?

Woog: Ja, also mittlerweile hat man sogar ein Gen gefunden, das angeblich dafür verantwortlich ist: Gen Nummer 3111 C. Und man sagt auch, dass es vererbbar ist.

J: Ah, das heißt, Ihre Eltern waren auch schon Langschläfer?

Woog: Mein Vater, meine Mutter ganz im Gegenteil.

J: Wie sind Sie zum Langschläfer geworden? War das irgendwann mal eine bewusste Entscheidung: Ich hab' genug, ich bleibe jetzt einfach liegen, ich bin noch müde, oder ist es etwas, das Sie nicht steuern können?

Woog: Nee, das kann ich nicht steuern. Ich hatte immer ein Problem damit, morgens früh aufzustehen. Ich dachte halt, dass alle anderen das auch haben. Also, ich dachte, das gehört quasi zum System dazu. Ich hab' das eigentlich erst sehr spät gemerkt, dass es eben manchen Leuten sehr leicht fällt und anderen eben nicht.

J: Ist Ihr 1993 gegründeter Verein *Delta T* dann doch eher so etwas wie ein Witz?

Woog: Also, am Anfang ist er eher aus Spaß gegründet worden. Das kann man schon sagen, weil die meisten Gründungsmitglieder eigentlich Leute sind, die ganz gut mit ihrem Status als Langschläfer zurechtkamen., ihr Leben so aufgebaut haben.

J: Was passiert in der Vereinsarbeit? Treffen Sie sich, legen sich hin, schlafen, schnarchen und stehen nach zehn Stunden wieder auf?

Woog: Also, das wollen wir mal machen, 'nen gemeinsamen Schlafurlaub nördlich des Polarkreises ...

J: Uh...

Woog: ... haben wir aber noch nicht gemacht. Unsere Vereinsarbeit ist eigentlich in erster Linie Lobbyarbeit: Information sammeln und verteilen, an Privatpersonen und Medien.

J: Warum, weshalb, wieso?

Woog: Ja, weil wir uns mit allerlei Vorurteilen konfrontiert sehen. Also, in Deutschland ist es 'ne Tugend an sich früh aufzustehen. Die meisten tun so, als ob das schon die erste Leistung des Tages gewesen wäre. Folglich ist der, der's nicht tut, ein Faulpelz. Und dagegen wollen wir arbeiten und versuchen auch, mit mehr Information vielleicht für uns ein besseres Leben zu erreichen.

J: Wie viele Mitglieder hat der Verein inzwischen?

Woog: Ja, so 120 etwa, die meisten in Berlin.

J: Hat Ihnen der Verein ein stärkeres Selbstbewusstsein gegeben?

Woog: Ja, auf jeden Fall. Wie gesagt, also, bei mir ist es jetzt so, dass mein Leben weitgehend nur noch so abläuft, wie ich es möchte. Und bei einigen Mitgliedern auch. Also, einige Mitglieder, die angestellt waren, haben tatsächlich dann auch in ihrer Firma neue Arbeitszeiten abmachen können.

J: Ja, vielen Dank, Herr Woog, für das Gespräch.

Woog: Gern.

Hören Sie nun das Gespräch noch einmal und überprüfen Sie Ihre Antworten. (Zurückspulen)

22

Hörtext 10
Beispieltest: Hörverstehen Teil 3

Sie hören jetzt fünf kurze Texte. Sie hören jeden Text zweimal. Dazu sollen Sie 5 Aufgaben lösen. Bei jeder Aufgabe sollen Sie feststellen: Habe ich das im Text gehört oder nicht? Wenn ja, markieren Sie beim ersten Hören oder danach R = richtig. Wenn nein, markieren Sie F = falsch.
Lesen Sie jetzt die Aufgabe 56.

Hören Sie jetzt den Text.

Nr. 56
Sie rufen im Salzburger Zoo an und hören folgende Telefondurchsage:

Willkommen im Salzburger Tiergarten Hellbrunn. Unsere Nachsaison im Zoo ist beendet. Wir haben täglich für Sie von 8 Uhr 30 bis 19 Uhr geöffnet. Letzter Einlass ist 18 Uhr. Hunde dürfen nur an der kurzen Leine mitgeführt werden. Wir freuen uns auf Ihren Besuch. Unser Büro erreichen Sie Montag bis Freitag von 9 bis 12 und von 13 bis 17 Uhr.

Sie hören jetzt den Text noch einmal. (Zurückspulen)

23

Lesen Sie jetzt die Aufgabe 57.

Hören Sie jetzt den Text.

Nr. 57
Sie sind im Kaufhaus und hören folgende Durchsage:

An unsere Kundinnen und Kunden im Haus. Die Kundin Beate Schneider, die gerade in der Spielzeugabteilung ein Rennauto gekauft hat, soll sich bitte noch einmal an der Kasse 1 in der Spielzeugabteilung melden. Sie hat dort ihren Rucksack vergessen. Ich wiederhole: Die Kundin, Frau Beate Schneider, möchte bitte umgehend in die Spielzeugabteilung zurückkehren.

Sie hören jetzt den Text noch einmal. (Zurückspulen)

24

Lesen Sie jetzt die Aufgabe 58.

Hören Sie jetzt den Text.

Nr. 58
Sie möchten sich über das Programm der Oper informieren und hören eine automatische Telefonansage:

Tageskasse der Bayerischen Staatsoper. Der Kartenstand am Sonntag, 5. Mai 2000, 10 Uhr lautet wie folgt:

5. Mai *L'Italiana in Algerie*: Restkarten vorhanden
6. Mai *Othello:* seitliche Steh- und Hörerplätze
7. Mai *Der Freischütz*: Karten vorhanden
8. Mai *Aida*: ausverkauft
9. Mai: keine Vorstellung
10. Mai *Lohengrin*: Karten in allen Preisklassen vorhanden
11. Mai *Othello*: ausverkauft

Sie hören jetzt den Text noch einmal. (Zurückspulen)

25

Lesen Sie jetzt die Aufgabe 59.

Hören Sie jetzt den Text.

Nr. 59
Sie möchten wissen, wie der Verkehr am Wochenende wird, und hören folgende Radiodurchsage des ADAC:

Guten Tag, meine Damen und Herren. Sie hören die Verkehrsprognose für das Wochenende 1. bis 3. Oktober. Es ist mit vielen Staus zu rechnen. Grund für den zu erwartenden starken Verkehr dürfte in erster Linie der Herbstferienbeginn in Hessen, Nordrhein-Westfalen, Rheinland-Pfalz und Saarland sein, aber auch die Wochenend-Urlauber. Stellen Sie sich auf jeden Fall am kommenden Wochenende auf lebhaften, abschnittsweise auch starken Verkehr vor allem im süddeutschen Bereich ein. Darüber hinaus werden zahlreiche Herbstbaustellen, vor allem auf den ostdeutschen Autobahnen, den Verkehrsfluss bremsen.

Sie hören jetzt den Text noch einmal. (Zurückspulen)

26

Lesen Sie jetzt die Aufgabe 60.

Hören Sie jetzt den Text.

Nr. 60
Sie suchen eine billige Flugreise und hören folgende Durchsage:

Guten Morgen am Freitag, das Wochenende naht. Hier sind Sie genau richtig bei der Service-Line von Talk-Line-Infodienste. Sie erhalten wertvolle Infos über unsere Dienste. Wir bieten Informationen, Börsen, Wetter, Last-Minute-Services, Unterhaltung an. Dieser Service kostet 60 Cent pro Minute.
Aktuelle Urlaubsschnäppchen direkt auf Fax unter der Nummer 089 – 677533. Die günstigsten Reiseangebote erhalten Sie unter 0190 – 252 5000. Rufen Sie uns doch an.

Sie hören jetzt den Text noch einmal. (Zurückspulen)

Kommentierter Lösungsschlüssel

Leseverstehen

Ü 1 **Lösungsvorschlag**
Sicherlich handelt es sich hier um eine Person, die sich zwischen Geld oder Liebe entscheiden muss. So kennt man es jedenfalls aus dem Kino oder Fernsehen, aus Zeitungen oder Büchern.

Ü 2 **Lösungsvorschlag**
Ein Mann hat seiner Frau eine Karte zum Valentinstag gekauft. Danach hatte er nur noch 2,75 EUR und damit kein Geld mehr für den Lottoschein. Gerade dieses Mal wurden seine Zahlen gezogen und er hätte im Lotto gewonnen, 20 Millionen Euro. Die Kinder sind darüber weniger glücklich, aber seine Frau liebt ihn immer noch.

Ü 4

Wortbildung
Z. 3/4: *Millionengewinn:* eine *Million* ist 1.000.000; das Verb *gewinnen* kennen Sie auch, es ist das Gegenteil von „verlieren".
Z. 10: *Lottozahlen: Zahlen* kennen Sie von *bezahlen.*

Wortfamilie
Z. 7: *vergangenen:* Sie kennen das Partizip des Verbs *gehen* (*gegangen*) und das Nomen *Vergangenheit.*
Z. 9: *wöchentlich:* Sie kennen *Woche* und die Endung *-lich* sagt Ihnen, dass es sich um ein Adjektiv handelt, d.h. gemeint ist hier „jede Woche".

Wortfeld
Z. 10/11: *Lottozahlen gezogen wurden:* Zweimal pro Woche erfahren wir die *Lottozahlen*; dazu müssen sie erst *gezogen* werden.
Z. 16: *diesmal seinen Einsatz nicht gezahlt:* Wenn man Lotto spielt, muss man etwas bezahlen: den Einsatz.

Kontext
Z. 9/10: *Er verzichtete deshalb:* Nach dem Kauf der Karte hatte er nicht mehr genug Geld für den Lotto-Schein. Was ist die Folge? Er konnte keinen Lotto-Schein mehr kaufen: Er verzichtete.
Z. 11: *jubelten Frau und Kinder:* Wie reagiert man, wenn man im Lotto gewonnen hat, wenn genau die richtige Kombination gezogen wurde? Mit Freude und Jubel.
Z. 17: *Meine Kinder … nie verzeihen:* Wie reagieren wohl Kinder, die erfahren, dass sie nicht 20 Millionen im Lotto gewonnen haben, obwohl sie sich sicher waren, dass sie gewonnen haben? Sicherlich sind sie nicht glücklich.

Ü 5

b) Aussprache; c) Trinkspruch; d) Sprechstundenhilfe; e) widersprechen; f) Besprechung; g) Nachrichtensprecher; h) Sprachraum; i) versprechen; j) Sprechanlage; k) Sprichwort

Ü 6

Internationalismen

Z. 12: *Kombination:* eine Zahlen-Kombination = die richtigen Zahlen für eine bestimmte Sache

Z. 19: *tragisch:* Im Theater gibt es Komödien und Tragödien; letztere sind eher traurig.

Kultur- und Weltwissen

Z. 13: *Jackpot:* Der Topf, in dem das Geld liegt, das man gewinnen kann.

Ü 7 **Lösungsbeispiel**

a) Es gibt auf dem Markt mittlerweile Computer-Spiele für Kleinkinder: nicht nur zum Spielen, Babys lernen dabei auch etwas.

b) Z. 5: *Computer-Spiel: Spiel* dürfte Ihnen klar sein und *Computer* kennen Sie als Internationalismus.

Z. 6: *Teletubbies:* Name des Computer-Spiels

Z. 6: *Plüsch-Babys: Babys* verstehen Sie und das ist genug, *Plüsch* beschreibt genauer, wie die Babys aussehen. Für den Inhalt des ganzen Textes ist das aber nicht wichtig.

Z. 7: *hiesige:* Vielleicht erkennen Sie *hier* im Wort, *hiesig* ist das Adjektiv dazu.

Z. 8: *tapsen:* Der Kontext hilft Ihnen: *Babys .... durch hiesige TV-Kanäle.* In der Lücke könnte sinngemäß *gehen, laufen, hüpfen, springen* etc. stehen.

Z. 8: *insbesondere:* Sie kennen vielleicht *besonders*, das ist ein Synonym.

Z. 10: *frühkindliche:* Das ist ein Kompositum aus *früh* und *kindlich*, es beschreibt also etwas im Babyalter.

Z. 11: *fördern:* Der Kontext und ihr Weltwissen helfen: *Das Spiel will nicht nur unterhalten, sondern in Lernspielen … fördern.* Ein Computer-Spiel für Babys soll natürlich zum Spielen sein. Aber was kann man damit noch erreichen? Dass die Babys etwas dabei lernen, in bestimmten Dingen gefördert werden.

Z. 15: *eine Computer-Maus in Katzenformat: Computer-Maus* ist ein Internationalismus (engl. *mouse*); im Wort *Format* steckt *Form*, ebenso ein Internationalismus; d. h. die Computer-Maus hat die Form einer Katze.

Z. 16: *entwickelt:* Der Kontext hilft Ihnen: *In der Schweiz wurde eine Computer-Maus in Katzenformat …* An diese Stelle würde passen *gebaut, gemacht, konstruiert*, etc.

Z. 17: *angepasst:* Sie kennen das Wort *passen* bzw. *Die Hose passt mir.*

Prüfungsbeispiel Leseverstehen Teil 1

Text 1: g; Text 2: c; Text 3: i; Text 4: d, Text 5: b

Lösungsweg:

1. Thema Mobiltelefone/Handys (Text 1 und 4): Mögliche passende Überschriften: d, g, h, j
2. Thema Ticket der Bahn (Text 2): Mögliche passende Überschriften: c, e
3. Thema Reisen (Text 3 und 5): Mögliche passende Überschriften: a, b, f, i

zu 1. Mobiltelefone/Handys

Überschrift g: Der Hit unserer Versteigerung: Vergessene Handys	**Passt** zu Text 1: *Liegen gebliebene Handys werden … versteigert.*
Überschrift j: Taschenrechner, Walkmen und Handys nur heute als Sonderangebot	Passt nicht zu Text 1: … *wie auch diese Woche wieder…*

Überschrift d: Dänemark: Spezielle Zugabteile für Handybenutzer

Passt zu Text 4: *Handy-Nutzer ... auf ganz spezielle Zugwaggons verwiesen werden.*

Überschrift h: Dänemark: Handyfreie Zonen gefordert

Passt nicht zu Text 4: *Nach der Einrichtung von handyfreien „Ruheabteilen"*

zu 2. Ticket der Bahn

Überschrift c: Einzigartig: Abends schnell und billig durch Deutschland

Passt zu Text 2: *... sensationell günstig – von 19 Uhr abends bis 2 Uhr morgens (Abfahrts-/Ankunftszeit). ... Kilometer, so viel Sie schaffen. Quer durch Deutschland.*

Überschrift e: Fahren Sie mit dem Guten-Abend-Ticket an Weihnachten zu Ihren Lieben

Passt nicht zu Text 2: *Das Ticket gilt ... An allen Tagen, ausgenommen ... an den Weihnachtsfeiertagen ...*

zu 3. Reisen

Überschrift i: Reiselustige Senioren – die Kunden der Zukunft

Passt zu Text 3: *Deutschlands Senioren werden immer mehr zu wichtigen Kunden der Reisebranche ... diese Altersgruppe zum größten Wachstumsmarkt für die Reisebranche ...*

Überschrift a: Senioren-Reisen für höchstens 750,– EUR

Passt nicht zu Text 3: *durchschnittlich 750 Euro kosten*

Überschrift b: Immer mehr Deutsche verbringen ihren Urlaub im Ausland

Passt zu Text 5: *... internationale Verkehr einfacher geworden. Urlaubsreisen sind längst keine Ausnahmen mehr*

Überschrift f: Geschäftsreisen ins Ausland sind die Ausnahme

Passt nicht zu Text 5: *Geschäftsreisen sind längst keine Ausnahmen mehr.*

Prüfungsbeispiel Leseverstehen Teil 2

1: Satz c ist korrekt: Im Text Z. 6/7 heißt es: *bei freier Zeiteinteilung arbeiten zu können, wann und wie lange man will.*
2: Satz c ist korrekt: Im Text Z. 30/31 heißt es: *Drei Viertel sagten, dass sie zu Hause viel produktiver seien als im Büro.*
3: Satz a ist korrekt: Im Text Z. 21/23 heißt es: *... dass ... das Bildungsniveau der Telearbeiter überdurchschnittlich hoch sei.*
4: Satz b ist korrekt: Im Text Z. 57/58 heißt es: *... eine Möglichkeit, Job und Familie unter einen Hut zu bringen.*
5: Satz a ist korrekt: Im Text Z. 59/60 heißt es: *... 225 000 Unternehmen wollen in den nächsten Jahren Telearbeit einführen.*

Prüfungsbeispiel Leseverstehen Teil 3

Situation 1: J; Situation 2: K; Situation 3: D; Situation 4: F; Situation 5: 0; Situation 6: I; Situation 7: B; Situation 8: H; Situation 9: G; Situation 10: 0.

Lösungsweg:
Thema Lernen (Anzeige A, E, F, J, L)
Thema Urlaub (Anzeige B, C, D, J)
Thema Kneipen, Restaurants (Anzeige G, H, I, K)

1. Eine Freundin von Ihnen will aus beruflichen Gründen Italienisch lernen. Sie möchte dabei aber auch das Land kennen lernen.	Anzeige J ist **richtig**: *Italienisch lernen, Toscana* Anzeige E ist falsch. Zwar heißt es hier *Sprachstudio* und *verbessern … Karrierechancen,* aber die Schule ist in München, nicht in Italien.
2. Ihr Bruder ist Student und möchte seine Freundin abends zum Essen einladen. Da er nicht viel Geld hat, sollte es billig sein.	Anzeige K ist **richtig**: *… zu zweit seid … Gericht der Woche … muss nur einer zahlen.* Anzeige I ist falsch. Zwar heißt es hier *Studentenclub*, aber es gibt nur *billige Getränke.* Anzeige H ist falsch: Hier gibt es nur *Mittagsmenüs* und *Frühstücksbrunch.*
3. Die Nachbarsfamilie würde gern Urlaub mit dem Zelt machen. Sie suchen für sie ein passendes Reisebüro.	Anzeige D ist **richtig**: Weltweit *Campingflüge* und Pauschalreisen … *GENC-Reisen.* Anzeigen B und C sind falsch, da es darin kein Angebot für einen Urlaub mit Zelt gibt.
4. Ihr Sohn ist schlecht in Englisch. Sie wollen, dass jemand zu Ihnen nach Hause kommt und mit Ihrem Sohn Englisch lernt.	Anzeige F ist **richtig**: *Nachhilfe … alle Fächer, auch Hausbesuche.* Anzeigen A und L sind falsch, weil hier nichts davon steht, dass der Unterricht zu Hause stattfinden kann.
5. Ihr größter Traum ist eine Reise auf einem Kreuzfahrtschiff. Sie suchen ein Reisebüro, das Ihnen weiterhelfen kann.	**Keine der Anzeigen passt**, da in keinem Reisebüro eine Kreuzfahrt mit einem Schiff angeboten wird.
6. Sie sind neu in der Stadt und haben gerade erst zu studieren begonnen. Sie suchen ein Lokal, in dem sich vor allem Studenten treffen.	Anzeige I ist **richtig**: *Studentenclub* und billige Getränke. Anzeigen G, H und K sind falsch. Die Lokale sind nicht speziell für Studenten.
7. Sie würden gerne einmal mit dem Fahrrad Urlaub machen. Dafür suchen Sie ein passendes Reisebüro.	Anzeige B ist **richtig**: *Rad-* und Wander*touren* in Südfrankreich. Anzeigen C und D sind falsch: Fahrrad-Reisen werden hier nicht erwähnt.
8. Ein Freund möchte Sie sonntags zum Frühstück in ein Lokal einladen. Geben Sie ihm einen Tipp.	Anzeige H ist **richtig**: *Frühstücksbrunch … So, 9–15 Uhr.* Anzeigen G, I, K sind falsch: Hier gibt es kein Angebot für ein Frühstück.

9. Einige Freunde sind überraschend abends zu Besuch gekommen. Sie haben keine Zeit zum Kochen und wollen deshalb Essen bringen lassen.

Anzeige G ist **richtig**: Maharadscha ... *Heimservice*. Alle anderen bieten keinen Abhol- bzw. Bringservice an.

10. Sie möchten durch Deutschland wandern und möchten sich dafür Landkarten verschiedener Regionen besorgen.

Keine der Anzeigen passt, da man im Reisebüro keine Landkarten kaufen kann.

Hörverstehen

Ü 1

Hörtext 1: C, F, H, K; Thema: Busstreik / Störungen im Busverkehr
Hörtext 2: A, D, I, L; Thema: In der Prüfung / Prüfungstipps / Was tun bei einem Black-out?
Hörtext 3: B, E, G, J; Thema: Prüfungsangst / Prüfungsvorbereitung / Vor der Prüfung

Ü 2

Der Satz ist **falsch**.

Ü 3

Folgende Busse ... heute nicht ... Linien ... 53 ... Fahrgäste ... der Linien ... 53 ... steigen Sie auf andere Verkehrsmittel um.

Tipp 4
Sicherlich hatten Sie keine Probleme, das richtige Wort zu finden: in Beispiel 1 ist es *Vorbereitung*, in Beispiel 2 *bestanden*.
Alternativen für Beispiel 1: *Kurse/Vorarbeiten*
Alternativen für Beispiel 2: *richtig gemacht / gut gemacht / ohne Fehler gemacht / fehlerlos gemacht* etc.

Ü 5

Das unterstrichene Wort ist die Ideallösung (vgl. mit Übung 6):
A: *bewältigen / lösen / machen / können*
unbeantwortet / nicht beantwortet / ungelöst / nicht gelöst / ohne Lösung / ohne Ergebnis
B: *festgestellt / bemerkt / gefunden / gesehen / notiert*
erzielen / bekommen / erhalten / erreichen
zu sich nehmen / trinken / nehmen
C: *geschuftet / gearbeitet / gelernt / studiert*

Ü 6

siehe Übung 5

Ü 8

	In der Aufgabe steht …	Im Hörtext heißt es …
a) Der Satz ist **richtig**.	Es gibt in Prüfungen immer wieder <u>Phasen</u>, in denen man <u>keinen</u> <u>klaren</u> <u>Gedanken</u> fassen kann.	*Man sitzt schon länger in der Prüfung und irgendwann <u>nimmt</u> <u>die Konzentration ab</u>.*
b) Der Satz ist **falsch**.	Trinken Sie <u>in der Prüfung</u> mindestens zweieinhalb Liter Wasser.	*… wenn sie <u>pro Tag</u> mindestens zweieinhalb Liter Mineralwasser zu sich nehmen.*
c) Der Satz ist **richtig**.	Beim <u>Massieren der Ohren</u> kommt die <u>Erinnerung</u> zurück.	*Ja, wenn es in der Prüfung überhaupt nicht mehr weitergeht, obwohl Sie wochenlang am Schreibtisch geschuftet haben, können Sie nur noch zu den Ohren greifen. <u>Da hilft</u> ein kurzes <u>Massieren der Ohren</u>, genauer gesagt, der Ohrläppchen. Genau da, wo das Ohr weich und knubbelig ist, befinden sich nämlich wichtige Akupunkturpunkte, die das <u>Erinnerungsvermögen stärken</u>.*

Ü 9

1: falsch: fast alles ⟷ *ein Drittel nicht*
2: richtig: kurz vor der Prüfung = *zwei bis drei Tage vorher*
3: richtig: häufig schlecht = *selten besser als*
4: falsch: vor 11 Uhr … nie im Bett ⟷ *spätestens um 11 Uhr im Bett*
5: richtig: bis zur letzten Minute = *noch in der U-Bahn*
6: richtig: mehr als die Hälfte = *über 50 Prozent*

Ü 10

a) falsch: … hatte noch nie Probleme mit Prüfungen. ⟷ *… liefen die Prüfungen bei mir immer schlecht.*
b) richtig: … Seminar … wie man sich richtig auf eine Prüfung vorbereitet. = *… Erstsemester-Seminar … Tipps zur Prüfungsvorbereitung.*

Ü 11

Hörtext 1: Selektives Hören
Hörtext 3: Detailliertes Hören
Hörtext 4: Globales Hören

Prüfungsbeispiel Hörverstehen Teil 1

In Aufgabe 2 steht ...
Die Sprecherin findet Handys gut, weil man immer angerufen werden kann
Der Satz ist **falsch**.

Im Hörtext heißt es ...
... das ist doch absolut überflüssig, ... Kinder und Jugendliche erst mal noch kein Handy brauchen ...

In Aufgabe 3 steht ...
Die Sprecherin hält wenig von Handys für Kinder.
Der Satz ist **richtig**.

Im Hörtext heißt es ...
Ich finde es ausgesprochen lächerlich, wenn Kinder so 'nen Handy haben, denn das bringt denen doch gar nichts. ... Aber bei Kindern ist es doch absoluter Quatsch.

In Aufgabe 4 steht ...
Viele Eltern kaufen, ohne groß nachzudenken, ihren Kindern ein Handy.
Der Satz ist **richtig**.

Im Hörtext heißt es ...
... die Handys auch noch kaufen ... weil sie das so schic finden. Über die Konsequenzen machen die sich doch keine Gedanken.

In Aufgabe 5 steht ...
Der Sprecher findet Handys für ältere Kinder sinnvoll.
Der Satz ist **richtig**.

Im Hörtext heißt es ...
Na ja, für Kinder ab einem bestimmten Alter ... äh, finde ich es nicht schlecht. ...

Prüfungsbeispiel Hörverstehen Teil 2

In der Aufgabe steht:

2. Der Moderator unterhält sich mit der Chefin eines Last-Minute-Reisebüros.
Der Satz ist **richtig**.

Im Hörtext heißt es:
Frau Kampeli, Sie sind Leiterin eines Last-Minute-Reisebüros am Flughafen Zürich-Kloten.

3. Frau Kampeli arbeitete 10 Jahre lang für einen Verlag.
Der Satz ist **falsch**.

Vor 10 Jahren saß ich noch als Verlagsassistentin täglich im Büro ...

4. Frau Kampeli arbeitet lieber allein am Schreibtisch.
Der Satz ist **falsch**.

Aber in erster Linie liebe ich meinen Job, weil ich ständig mit Menschen zu tun habe ...

5. Frau Kampeli kann ihren Kunden alle Wünsche erfüllen.
Der Satz ist **falsch**.

..., denn bei Last-Minute-Flügen kann ich nur solche Flüge verkaufen, die auf dem Markt angeboten werden.

6. Von zufriedenen Kunden bekommt Frau Kampeli auch mal etwas geschenkt.
Der Satz ist **richtig**.

Es gab lauter kleine Geschenke: ein schönes Tuch, guten Wein, Oliven und andere Köstlichkeiten ...

7. Das Buchen kurz vor Reisebeginn ist immer gefragter.
Der Satz ist **richtig**.

... gleichzeitig das kurzfristige Buchen von Reisen immer beliebter wird ...

8. Bei 120 Reiseveranstaltern und Fluggesellschaften kann man Last-Minute-Angebote buchen. Der Satz ist **falsch.**	*... arbeiten wir mit verschiedenen Reiseveranstaltern und Fluggesellschaften zusammen, insgesamt sind es 120 Reiseveranstalter und Fluggesellschaften.*
9. Last-Minute-Angebote können zwei Wochen vor Reisebeginn gebucht werden. Der Satz ist **richtig.**	*Last-Minute-Angebote kann man bei uns frühestens zwei Wochen und spätestens wenige Stunden vor Reisebeginn buchen.*
10. Häufig buchen Kunden erst wenige Minuten vor Abflug ihrer Reise. Der Satz ist **falsch.**	*... zwar kommt das nicht so häufig vor, aber immer mal wieder.*

Prüfungsbeispiel Hörverstehen Teil 3

In der Aufgabe steht:	**Im Hörtext heißt es:**
2. Im Zugrestaurant kostet das Wiener Schnitzel 8,90 EUR. Der Satz ist **falsch.**	*... wir empfehlen heute: Wiener Schnitzel mit Kartoffelsalat und als Nachspeise Palatschinken. Das Ganze für 8,90 EUR.*
3. Der Arzt ist im Urlaub. Der Satz ist **falsch.**	*Sie erreichen uns täglich von 7.30 bis 13 Uhr und Montag, Dienstag und Donnerstag von ...*
4. Die Universität Potsdam hilft bei Fragen zur Grammatik weiter. Der Satz ist **richtig.**	*Bis dahin hilft Ihnen in dringenden Fällen das „Grammatische Telefon" in der Universität Potsdam weiter.*
5. Heute Abend wird es in Hamburg ein bisschen wärmer. Der Satz ist **richtig.**	*Die Wettervorhersage bis heute Abend: unverändert, aber leicht steigende Temperaturen und abnehmender Wind.*

Schriftlicher Ausdruck

Ü 1 Lösungsvorschlag

Sehr geehrte Familie Dietrich,

mein Name ist Paul Newton und ich bin 19 Jahre alt. Im Moment studiere ich Deutsch an einem College in London und möchte im Juli und August einen Feriensprachkurs in Berlin machen.

Letztes Jahr hat mein Freund Tom bei Ihnen gewohnt, als er in Berlin war. Es hat ihm sehr gut bei Ihnen gefallen. Deshalb wollte ich fragen, ob Sie im Juli und August das Zimmer wieder vermieten und ob es noch frei ist.

Natürlich möchte ich auch wissen, was es kostet, denn ich habe vergessen, Tom nach dem Preis zu fragen.

Zum Schluss habe ich noch eine Frage. Wäre es auch möglich, dass ich bei Ihnen Frühstück und Abendessen bekommen könnte? Leider bin ich nicht so reich, dass ich jeden Tag in einem Restaurant essen kann. Selbstverständlich würde ich das extra bezahlen. ...

Ü 2

Schritt 1:
Aufgabe a: 1, 3, 4, 5, 6, 8, 9, 11, 12, 13, 16, 17, 18, 19
Aufgabe b: 1, 2, 4, 5, 7, 8, 10, 12, 13, 14, 15, 16, 17

Schritt 2:
Aufgabe a: Anrede: 3; Schluss: 18; Anfangssatz: 9; Schlusssatz: 19
Aufgabe b: Anrede: 10; Schluss: 2; Anfangssatz: 7; Schlusssatz: 14/15

Ü 4 Lösungsvorschlag
Liebe Maria,
herzlichen Dank für Deine Postkarte. Endlich sind meine Prüfungen zu Ende und ich habe wieder etwas mehr Zeit.
Deshalb würde ich Dich gern zu uns nach Paris einladen.
Es gibt hier so viele Sehenswürdigkeiten wie die berühmten Museen, die Kirchen usw. Außerdem ist das Nachtleben hier sehr interessant und auch die vielen schönen Bars, in denen man abends sitzen kann.
Zwar ist es im Winter recht kalt und es regnet häufig, aber im Frühling und im Sommer ist es sehr schön hier. Wir könnten dann auch viele Straßencafés besuchen.
Was ich noch sagen wollte: Schreib mir bitte vorher, was Dich besonders interessiert. Wie wäre es, wenn wir zusammen ein oder zwei Museen besichtigen? Das machen wir natürlich nur, wenn Dir das auch gefällt.
Ich freue mich darauf, Dich bald wieder zu sehen.
Herzliche Grüße
Sylvie

Beispieltest

Test: Leseverstehen Teil 1

Text 1: J; Text 2: F; Text 3: G; Text 4: E, Text 5: A

Lösungsweg:
1. Thema Gesundheit (Text 1): Mögliche passende Überschriften: C, J
2. Thema Unfälle/Verletzungen (Text 2 und 5): Mögliche passende Überschriften: A, D, F, H
3. Thema Computer (Text 3 und 4): Mögliche passende Überschriften: B, E, G, I

zu 1. Gesundheit

Überschrift J: Wien: Männer leben ungesünder und sterben früher **Passt zu Text 1.**	*Wiener Männer kümmern sich zu wenig um ihre Gesundheit. ... habe „er" auch eine um sechs Jahre niedrigere Lebenserwartung als „sie".*
Überschrift C: Österreich: Man lebt wieder länger Passt nicht zu Text 1.	*Wegen dieses ungesunden Lebenswandels habe „er" auch eine um sechs Jahre niedrigere Lebenserwartung als „sie".*

zu 2. Unfälle/Verletzungen
Überschrift A: Typische Verletzungen beim Rodeln
Passt zu Text 5.

Die typische schwere Rodlerverletzung betrifft das Knie und den Bruch des Sprunggelenks.

Überschrift D: Immer mehr Österreicher verletzen sich in der Freizeit
Passt nicht zu Text 2, da im Text nicht angegeben wird, dass sich immer mehr Leute in der Freizeit verletzen.

… einen Unfall. 600.000 davon passieren in der Freizeit, im Sport oder in den eigenen vier Wänden.

Überschrift F: Nicht auf der Straße, sondern zu Hause ist das Verletzungsrisiko am größten
Passt zu Text 2.

Rund 800.000 Österreicher erleiden pro Jahr einen Unfall. 600.000 davon passieren in der Freizeit, im Sport oder in den eigenen vier Wänden.

Überschrift H: Rodeln: Wie gefährlich ist das für unsere Kleinen?
Passt nicht zu Text 5.

Schlittenfahren ist gefährlich – besonders für Erwachsene.

zu 3. Computer
Überschrift B: Ein voller Erfolg: 40.000 neue, junge Computernutzer
Passt nicht zu Text 3.

Zur Zeit haben bereits 40.000 Schülerinnen und Schüler an Haupt- und Volksschulen durch das Bildungsnetz Zugang zum Internet.

Überschrift E: Neueröffnung: Internet-Café für Ältere
Passt zu Text 4.

… das erste Internet-Café für über 50-Jährige.

Überschrift G: Immer mehr Computer in Wiener Klassenzimmern
Passt zu Text 3.

Bis zum Ende des kommenden Jahres … die 420 Wiener Pflichtschulen … 110.000 Schüler die Chancen der neuen Medien voll nutzen können … 2.400 PCs wurden dafür von der Stadt Wien angekauft …

Überschrift I: Computerkurse für Jung und Alt
Passt nicht zu Text 4.

Es soll Schnupperkurse geben, … Jugendlichen ist während der Kurse der Eintritt nicht erlaubt.

Test: Leseverstehen Teil 2

6: C: Im Text Z. 1–5 heißt es: *Insgesamt nahmen 54 Schulklassen an der … Aktion „Strong enough" teil.*

7: A: Im Text Z. 37–40 heißt es: *… die erste Zigarette meist im Alter zwischen zwölf und vierzehn Jahren geraucht wird.*

8: A: Im Text Z. 50–54 heißt es: *Die Teilnehmer – nur gesamte Klassen – verpflichteten sich in einem „Klassenvertrag", während vier Wochen keine einzige Zigarette zu rauchen.*

9: C: Im Text Z. 26–35 heißt es: *Projektleiter … wollte … Schülerinnen und Schülern die Möglichkeit bieten, … sich ihrer Zigarettensucht bewusst zu werden.*

10: B: Im Text Z. 96–99 heißt es: *Auch sollte das Projekt den Nichtrauchern bewusst machen, dass sie die eigentlich Starken sind.*

Test: Leseverstehen Teil 3

11: J; 12: 0; 13: A; 14: H; 15: E; 16: C; 17: K; 18: F; 19: B; 20: G

Lösungsweg:
1. Thema Unterhaltungsprogramm (Anzeige A, B, C, D, I, J, K)
2. Thema Lernen (Anzeige E, F, G, H, L)

11. Sie möchten Ihren Eltern zu ihrer silbernen Hochzeit eine Freude machen und engagieren einen Opernsänger.	Anzeige J ist **richtig**: *Tenor bekannt von Bühne und Fernsehen für Hochzeit ... Repertoire nach Ihren Wünschen* Anzeige E ist falsch: Es handelt sich um *Gesangsstunden,* um Singen zu lernen.
12. Ihr Chef bittet Sie, für die Weihnachtsfeier in der Firma einen Kellner zu engagieren.	Es gibt **keine passende Anzeige**. Anzeige D ist falsch: Hier gibt es nur einen *befrackten komischen Kellner* in einer *Show*.
13. Nächste Woche wollen Sie Ihren 40. Geburtstag in einem Lokal feiern und Ihren 40 Gästen etwas Besonderes bieten.	Anzeige A ist **richtig**: *Party-Feiern ... privater Karaoke-Raum, 2–40 Personen* Anzeige B ist falsch: Dort gibt es nur einen *Ball für Singles und Paare.* Anzeige C ist falsch: Es ist ein Theater und kein Lokal. Anzeigen I und J sind falsch: Dort wird kein Lokal angeboten.
14. Sie möchten Flamenco-Tanzen in Spanien lernen, zuvor wollen Sie zu Hause einen Spanischkurs besuchen.	Anzeige H ist **richtig**: *... Spanisch ... Anfänger ...* Anzeige L ist falsch: Die Kurse finden im Land selber statt: *Sprachaufenthalte ... Spanien.*
15. Ihre Leidenschaft ist der Jazz, aber Ihre Klavierkünste sind nicht so gut.	Anzeige E ist **richtig**: *... Klavierstunden ... Jazz ...*
16. Sie haben bisher keine Veranstaltung mit spanischem Flamenco ausgelassen.	Anzeige C ist richtig: *Gran Noche Flamenca ... ... Mit der Flamenco-Gruppe ... Programm.*
17. Der kleine Nachbarsjunge liebt Ihre Katze, aber seine Eltern sind strikt gegen Haustiere. Sie möchten ihm heute Nachmittag eine Freude machen.	Anzeige K ist richtig: *Erlebnis Zoo ... mit Äffchen spielen ... streicheln.* Anzeige B ist falsch: zwar *Kinderspielgeräte,* aber nichts mit Tieren.
18. Nachdem Sie Wim Wenders Film „Buena Vista Social Club" gesehen haben, möchten Sie kubanische Tänze lernen.	Anzeige F ist richtig: *Tanzkurs ... Salsa ... aus Kuba.*
19. Am nächsten Wochenende kommen Freunde mit ihren Kindern zu Besuch. Sie suchen ein Lokal für Jung und Alt.	Anzeige B ist **richtig**: *Kinderspielgeräte ... Gartenrestaurant ... Mini-Golf* Anzeige K ist falsch: Ein Zoo ist kein Lokal.

20. Sie möchten neben Ihrem Halbtagsjob weiteres Geld mit Tanzstunden verdienen, müssen sich aber erst zur Tanzlehrerin ausbilden lassen.

Anzeige G ist **richtig**: *Berufsausbildung ... zur Lehrerin für Tanz und Gym.*
Anzeige F ist falsch: Nur ein Salsa-Tanzkurs für jeden, aber keine Ausbildung zur Tanzlehrerin.

Test: Sprachbausteine Teil 1

21 C) an (lokale Präposition)
an: mit Fluss, Meer, See, Strand, Ufer *(Wir machen Urlaub am Meer. Ich bin an den Strand gegangen. Wir waren gestern am Chiemsee.) an dem = am*
in: nur wenn man im Wasser ist *(Ich schwimme lieber in einem See als im Schwimmbad.)*
bei: in der Nähe von

22 A) seit (temporale Präposition)
seit: eine Periode von Zeit, die in der Vergangenheit beginnt und bis jetzt dauert (Verb steht im Präsens!)
für: in Zukunft *(Ich fahre nächste Woche für drei Wochen in Urlaub.)*
während: meist mit nominalisiertem Verb; drückt Gleichzeitigkeit aus *(Während des Essens sehe ich nie fern.)*

23 C) diese (Artikelwort)
Stadt ist feminin und steht hier im Akkusativ.

24 B) Neues (substantiviertes Adjektiv)
Substantivierte Adjektive nach *etwas, nichts, viel, ...* haben im Nominativ und Akkusativ die Endung *–es. (nichts Besonderes, viel Schönes, ...)*

25 C) Dir (Personalpronomen)
danken + Dativ; der Brief ist in der Du-Form geschrieben*: Dir*

26 C) dafür (Pronominaladverb)
danken *für*. Wenn ein Nebensatz folgt: *dafür (Ich danke Dir dafür, dass Du ...)*

27 A) sehr
sehr: qualitative Verstärkung *(Ich bin sehr zufrieden mit meinem neuen Fahrrad.)*
viel: nicht zählbare Menge *(Er hat viel Geld. Ich habe viel gelernt.)*

28 B) letzten (Adjektivendung)
Wochenende ist Neutrum; auf die Frage *wann?* steht nach Wechselpräpositionen immer der Dativ; *am = an dem*

29 C) um
um ... zu + Infinitiv *(um das Schloss zu besichtigen)*

30 C) in dem (Relativpronomen)
Restaurant ist Neutrum Singular. Auf die Frage *wo?* folgt bei Wechselpräpositionen der Dativ.

Test: Sprachbausteine Teil 2

31 M) seit
In diesem Satzteil steht das Verb am Ende, deshalb muss das Lösungswort eine Nebensatzkonjunktion sein.
Seit drückt eine Zeitdauer aus, die in der Vergangenheit beginnt und bis in die Gegenwart dauert. (Der Hauptsatz steht im Präsens!)

32 N) sind
Bei Verben der Bewegung (hier *gehen*) wird das Perfekt mit *sein* gebildet: *gegangen sind*

33 F) früher
Dies ist ein Hauptsatz mit dem Subjekt *wir* an 3. Position, also ist hier an 1. Position ein Adverb wahrscheinlich. Der Briefschreiber spricht über die Vergangenheit: *früher*

34 B) als
Berufsbezeichnungen (in welcher Funktion arbeiten?) immer mit *als. (Ich arbeite als Ingenieurin/Sekretärin in einer großen Firma.)*

35 G) für
sich interessieren *für* (= obligatorische Präposition)

36 A) aber
Dies ist ein Hauptsatz mit *jetzt* an 1. Position und *möchten* an 2. Position. Deshalb kann hier nur ein Konnektor mit Null-Position stehen: *und, oder, aber, sondern, denn.* Zur Auswahl steht hier nur *aber.*

37 K) im
Auf die Frage *wo?* steht nach Wechselpräpositionen der Dativ. *(Im Zentrum von etwas.)*

38 I) gibt
es *gibt* viele Geschäfte

39 E) falls
In diesem Satz steht das Verb am Ende, deshalb muss das Lösungswort eine Nebensatzkonjunktion sein. Der Satz drückt eine Bedingung aus. Zur Auswahl steht nur *falls.*

40 P) würden
Dies ist ein Hauptsatz mit Infinitiv am Ende des Satzes. Deshalb muss an der 2. Position ein Modalverb oder *würden* stehen. Im Hauptsatz steht der Konjunktiv II, also muss hier auch im Nebensatz Konjunktiv II stehen: *würden.*

Test: Hörverstehen Teil 1

41: falsch; 42: richtig; 43: falsch; 44: richtig; 45: richtig

In der Aufgabe steht:	Im Hörtext heißt es:
41: Die Sprecherin wünscht sich Sportunterricht mit Jungen. Der Satz ist **falsch.**	*Für mich wäre Tanzen als Schulfach am interessantesten, mindestens zwei Stunden pro Woche. Aber auf keinen Fall Breakdance, das wollen doch nur die Jungs.*
42: Der Sprecher meint, die Schüler sollten endlich mal den Computer als Arbeitsmittel kennen lernen. Der Satz ist **richtig.**	*... Schüler über mehrere Stunden an einem Projekt arbeiten, bei dem sie den Computer brauchen und als Hilfsmittel einsetzen.*
43: Die Sprecherin schlägt eine Sprechstunde mit der Lehrerin / dem Lehrer vor. Der Satz ist **falsch.**	*Der Lehrer kann ja dabei sein, ich weiß, das geht ohne Lehrer nicht ..., aber er soll sich in diesen Stunden einfach zurückhalten und uns den Inhalt selber bestimmen und gestalten lassen.*
44: Für den Sprecher sollte der Staat zuerst die jetzigen Zustände verbessern. Der Satz ist **richtig.**	*Bevor über ein neues Pflichtfach nachgedacht wird, sollten sich erst einmal die Bedingungen an den Schulen verbessern. ... Da sollte man anfangen, bevor man neue Visionen entwickelt.*
45: Die Sprecherin fände ein Fach gut, in dem die Schüler mehr aus der Berufswelt erfahren. Der Satz ist **richtig.**	*Vielleicht sollte jede Woche ein anderes Berufsfeld vorgestellt werden. ... Wenn sie mehr wüssten, welche beruflichen Möglichkeiten sie wo haben, wären sie am Ende der Schule nicht so orientierungslos.*

Test: Hörverstehen Teil 2

46: richtig; 47: falsch; 48: falsch; 49: falsch; 50: richtig; 51: richtig; 52: falsch; 53: richtig; 54: falsch; 55: richtig

In der Aufgabe steht:	Im Hörtext heißt es:
46. Günter Woog ist Vorsitzender des Vereins für lang schlafende Menschen. Der Satz ist **richtig.**	*Und Sie sind Vorsitzender des Clubs der Langschläfer. ... Verein für zeitversetzt und lang schlafende Menschen.*
47. Herr Woog schläft morgens immer bis 8 oder 9 Uhr. Der Satz ist **falsch.**	*... gehe ich so zwei, drei Uhr ins Bett und steh dann so acht, neun Stunden später auf, dann so halt um 10, 11, 12.*
48. Biologisch lässt sich dieses Phänomen noch nicht erklären. Der Satz ist **falsch.**	*Ist das biologisch erklärbar? – Ja, also mittlerweile hat man sogar ein Gen gefunden ...*

49. Die Mutter von Herrn Woog war auch Langschläferin.
Der Satz ist **falsch**.

Ihre Eltern waren auch schon Langschläfer?
– … meine Mutter ganz im Gegenteil.

50. Herr Woog dachte früher, dass alle Menschen Langschläfer waren.
Der Satz ist **richtig**.

Ich hatte immer ein Problem damit, morgens früh aufzustehen. Ich dachte halt, dass alle anderen das auch haben.

51. Die Gründer des Vereins nahmen die Sache am Anfang nicht so ernst.
Der Satz ist **richtig**.

Also am Anfang ist er eher aus Spaß gegründet worden.

52. Ein wichtiger Teil der Vereinsarbeit ist, gemeinsame Schlafurlaube zu organisieren.
Der Satz ist **falsch**.

Also, das wollen wir mal machen, 'nen gemeinsamen Schlafurlaub nördlich des Polarkreises … haben wir aber noch nicht gemacht.

53. Ein typisches deutsches Vorurteil: Wer (zu) spät aufsteht, ist faul.
Der Satz ist **richtig**.

… allerlei Vorurteilen konfrontiert sehen. Also in Deutschland ist es 'ne Tugend an sich, früh aufzustehen, …

54. Mehr als die Hälfte der Mitglieder ist über ganz Deutschland verteilt.
Der Satz ist **falsch**.

… 120 etwa, die meisten in Berlin.

55. Einige Vereinsmitglieder konnten ihren Arbeitgeber von neuen Arbeitszeiten überzeugen.
Der Satz ist **richtig**.

… einige Mitglieder, die angestellt waren, haben tatsächlich dann auch in ihrer Firma neue Arbeitszeiten abmachen können.

Test: Hörverstehen Teil 3

56: richtig; 57: falsch; 58: falsch; 59: falsch; 60: richtig

In der Aufgabe steht: / **Im Hörtext heißt es:**

56. Um 18 Uhr können Sie noch in den Zoo gehen.
Der Satz ist **richtig**.

Letzter Einlass ist 18 Uhr.

57. Die Kundin wird in der Spielzeugabteilung von ihrem Kind gesucht.
Der Satz ist **falsch**.

Die Kundin …, die gerade in der Spielzeugabteilung ein Rennauto gekauft hat … Sie hat dort ihren Rucksack vergessen.

58. Am 10. Mai ist die Oper geschlossen.
Der Satz ist **falsch**.

… 9. 5. keine Vorstellung …

59. Auf ostdeutschen Autobahnen fließt der Verkehr störungsfrei.
Der Satz ist **falsch**.

… zahlreiche Herbstbaustellen, vor allem auf den ostdeutschen Autobahnen, den Verkehrsfluss behindern …

60. Um ein günstiges Reiseangebot zu finden, muss man eine andere Nummer wählen.
Der Satz ist **richtig**.

Die günstigsten Reiseangebote erhalten Sie unter 0190/252 500. Rufen Sie uns doch an.